DIESES BUCH GEHÖRT

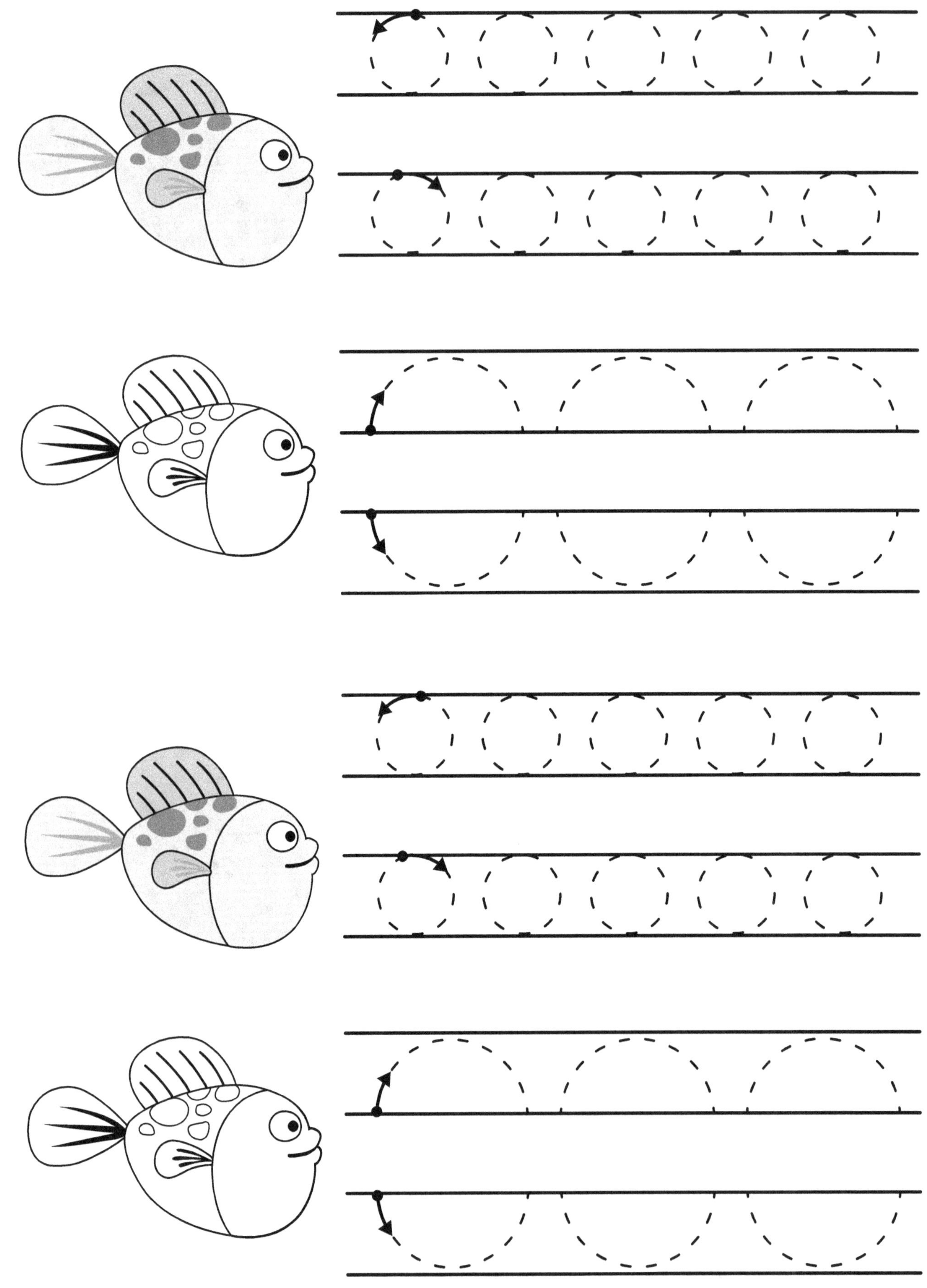

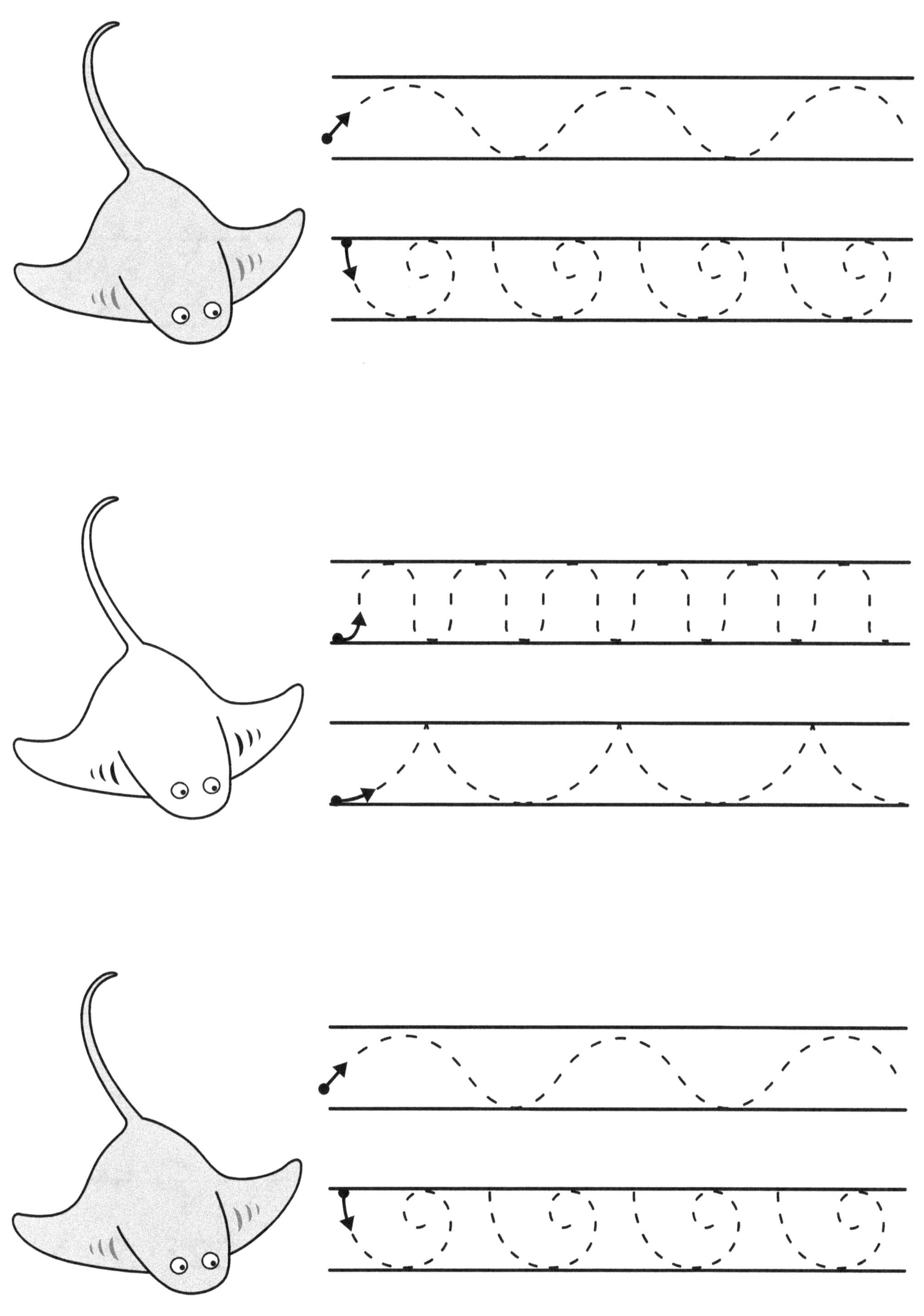

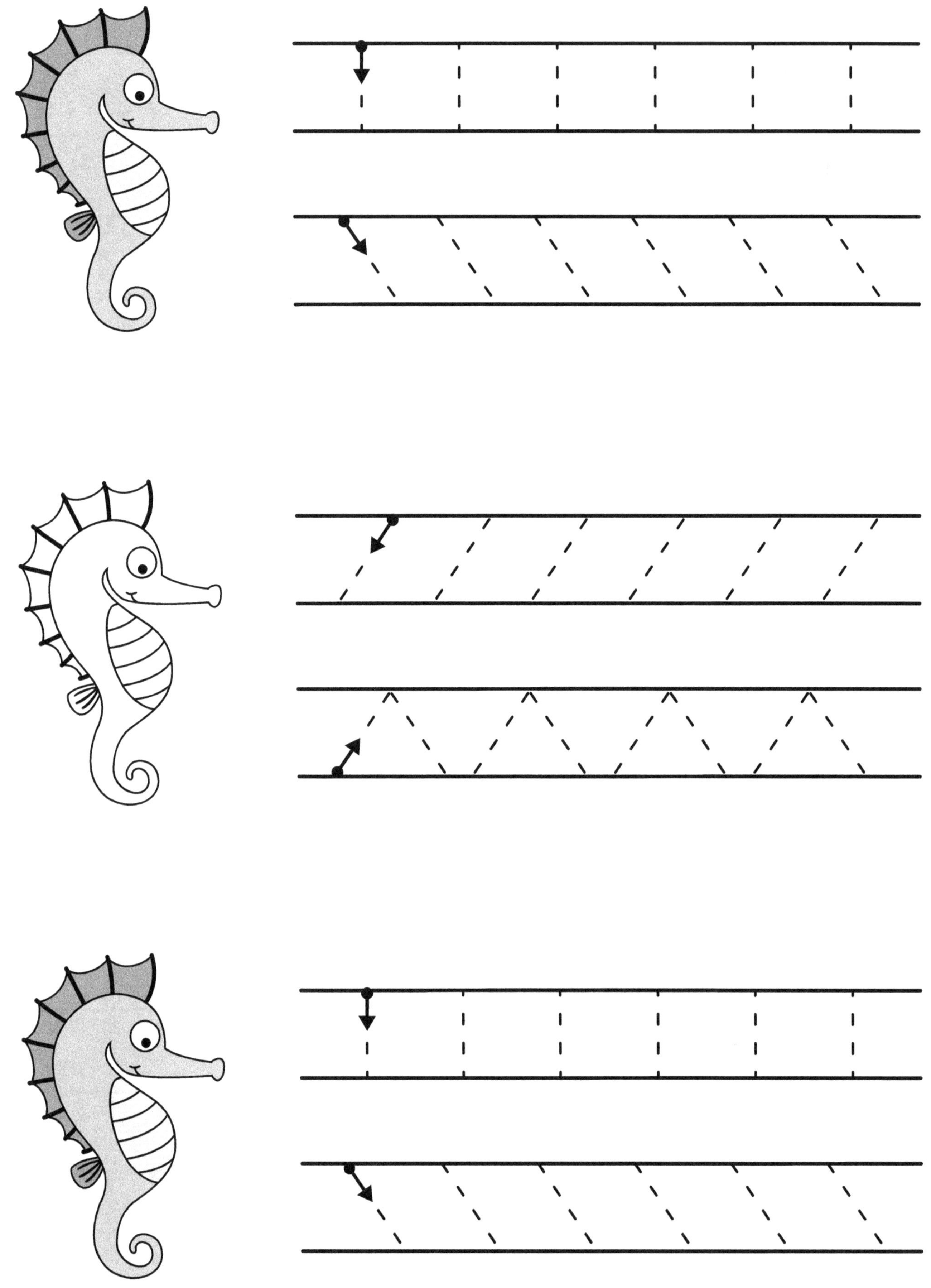

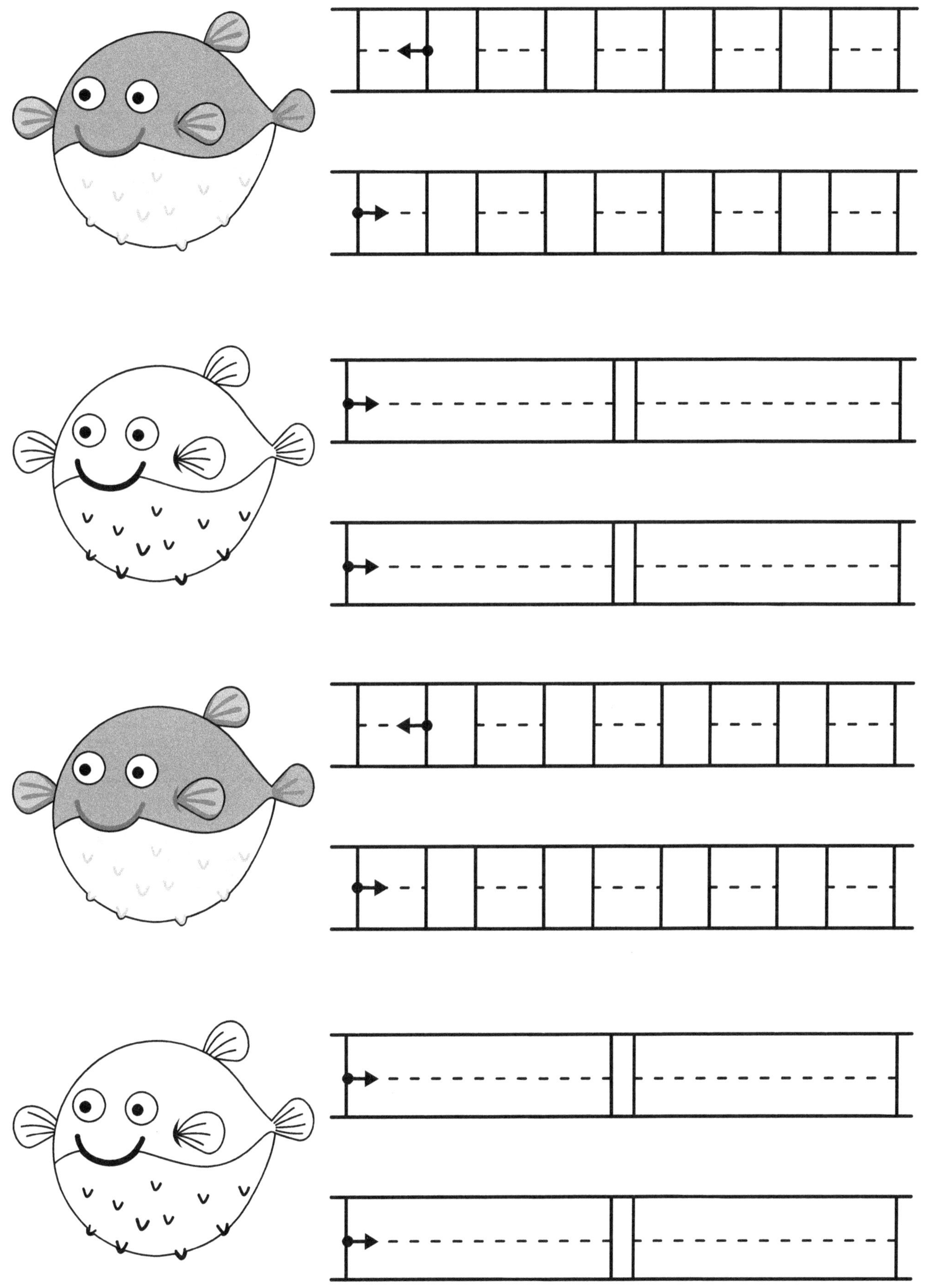

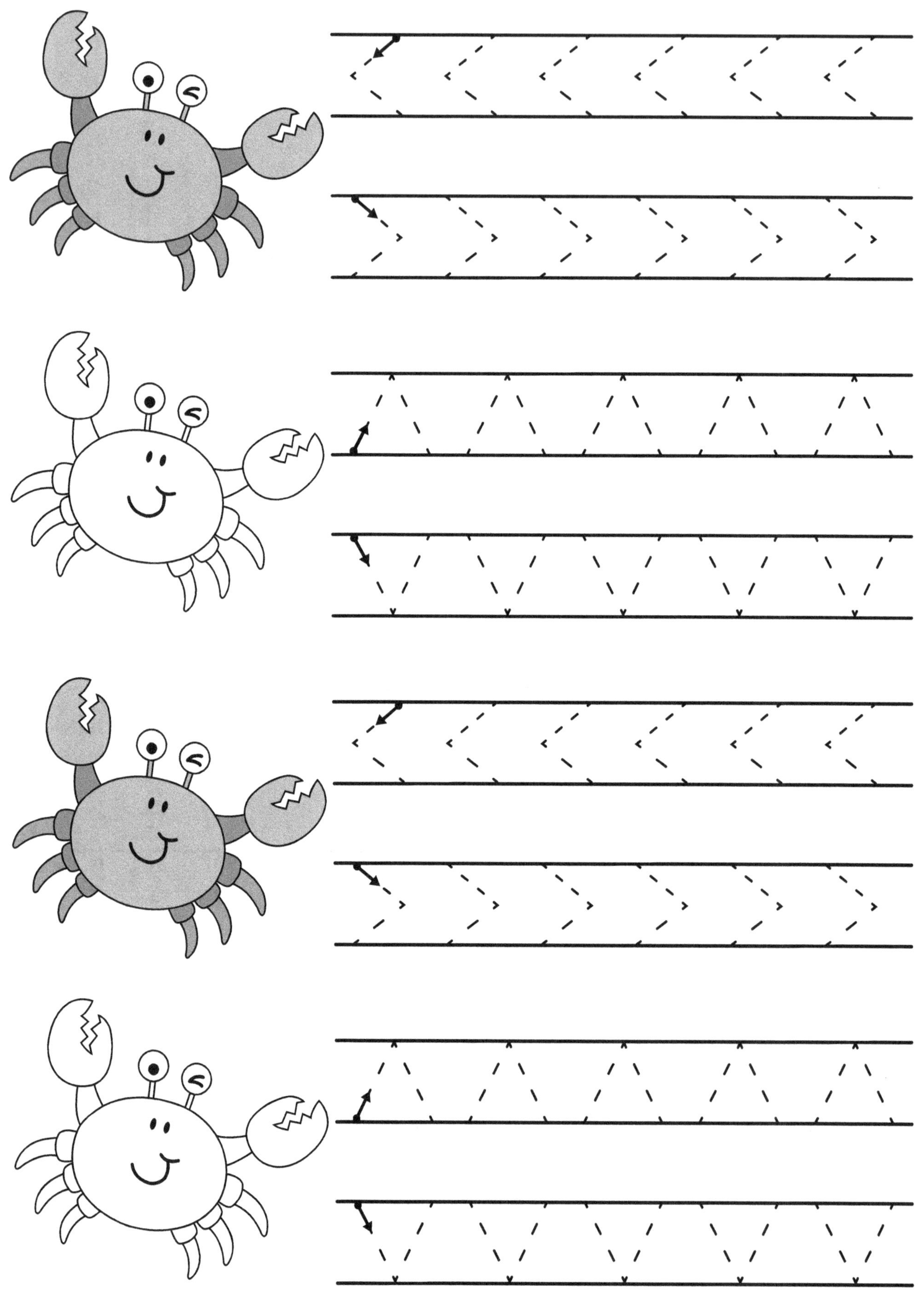

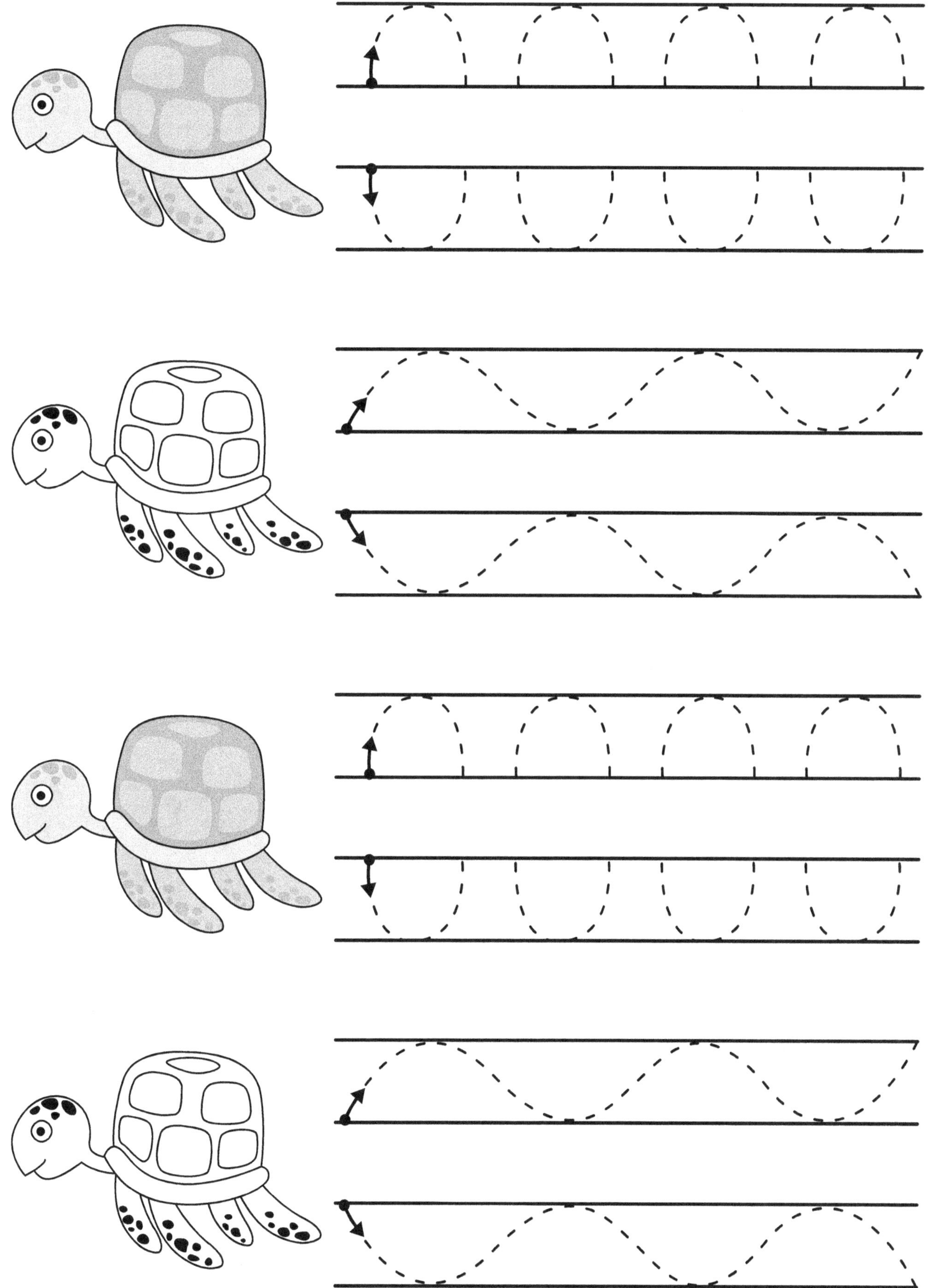

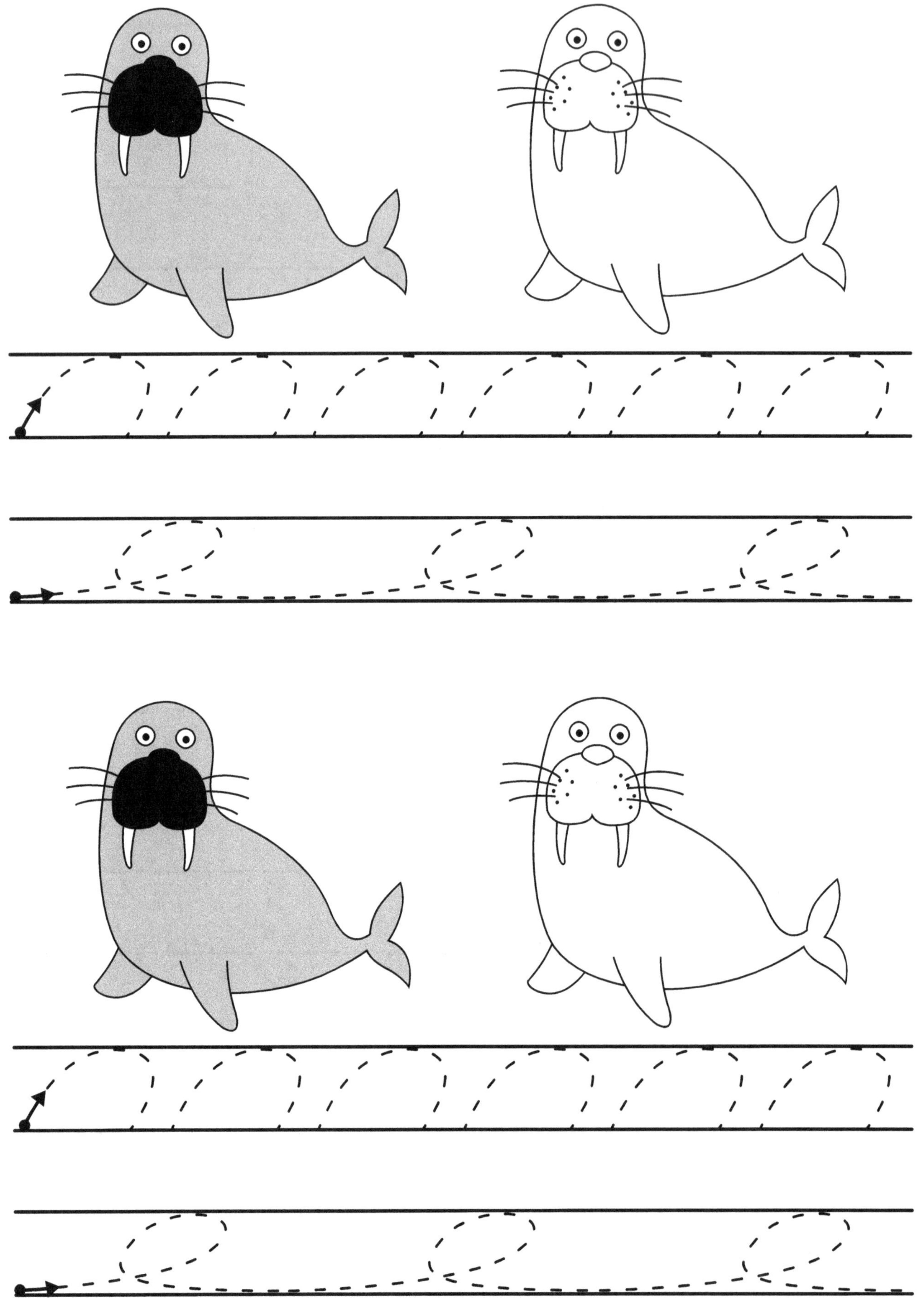

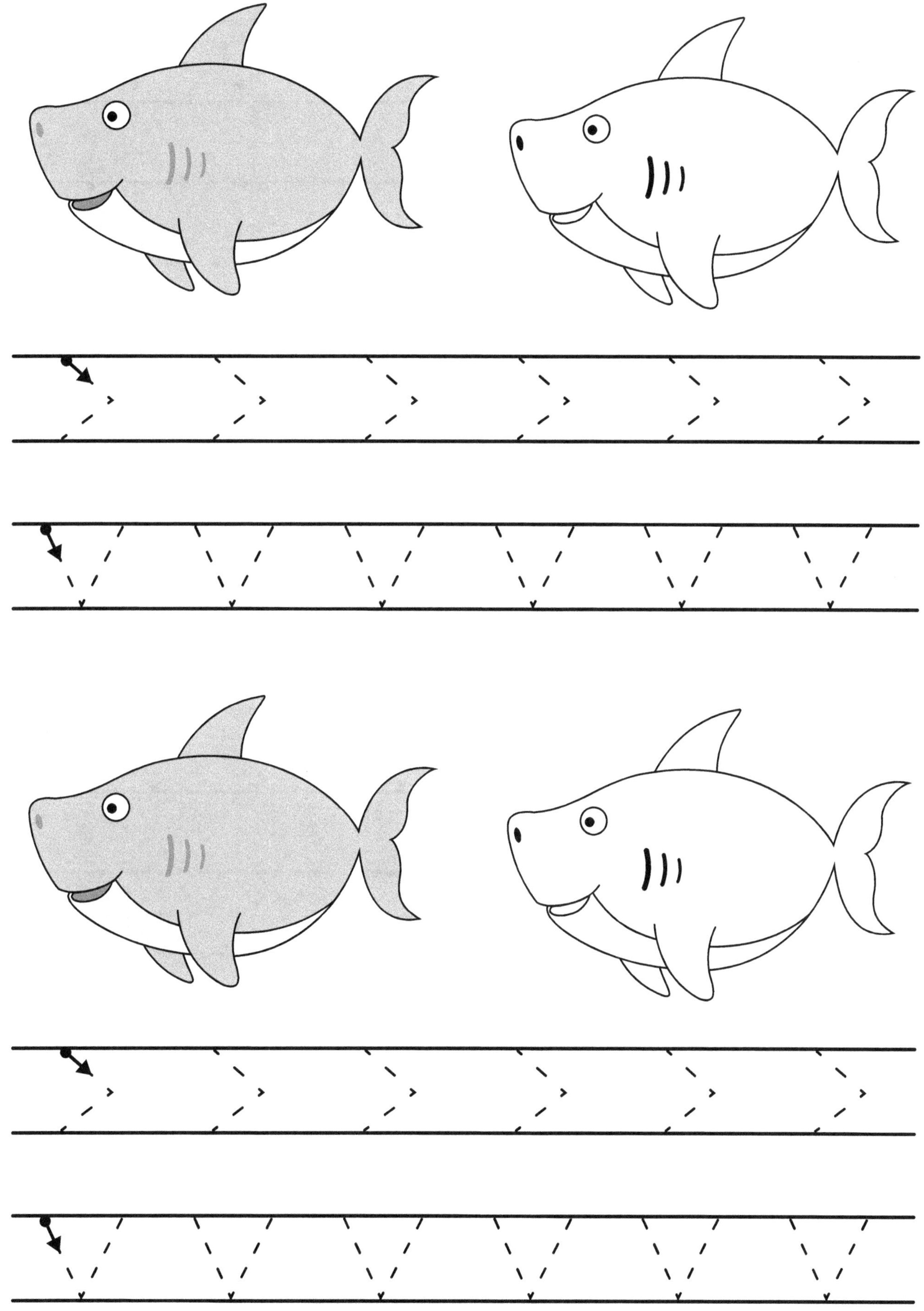

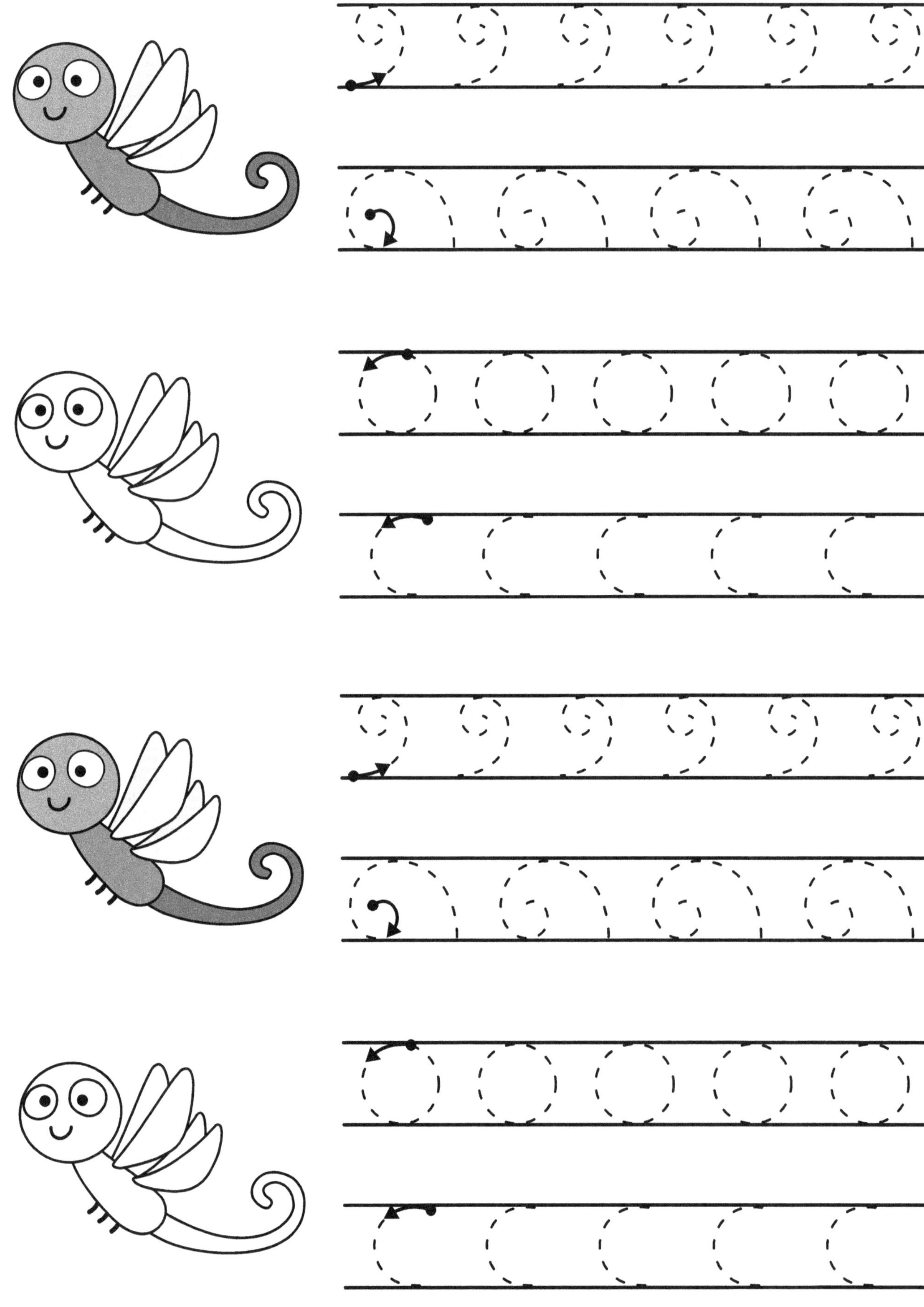

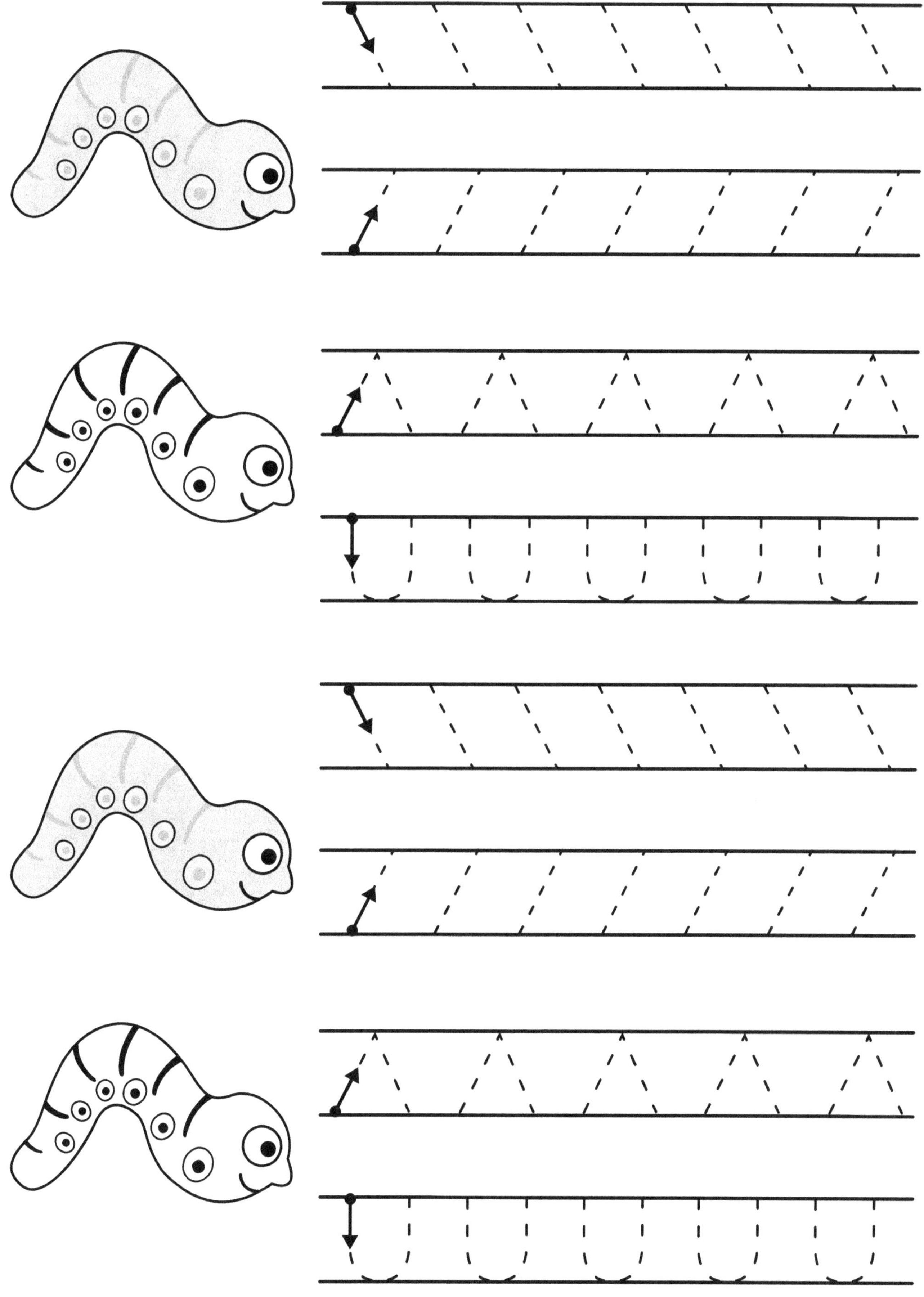

Das große A

wie Alligator

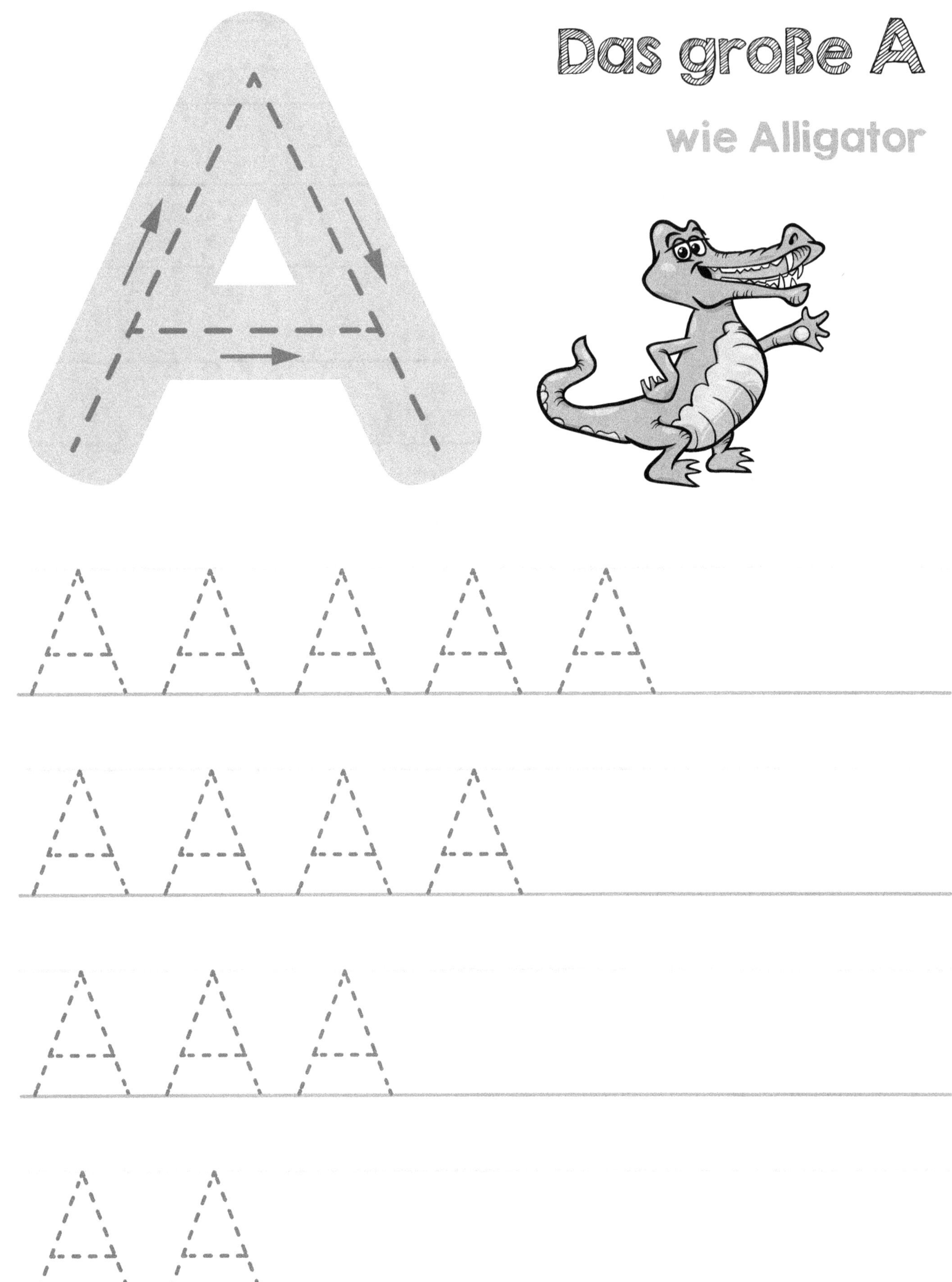

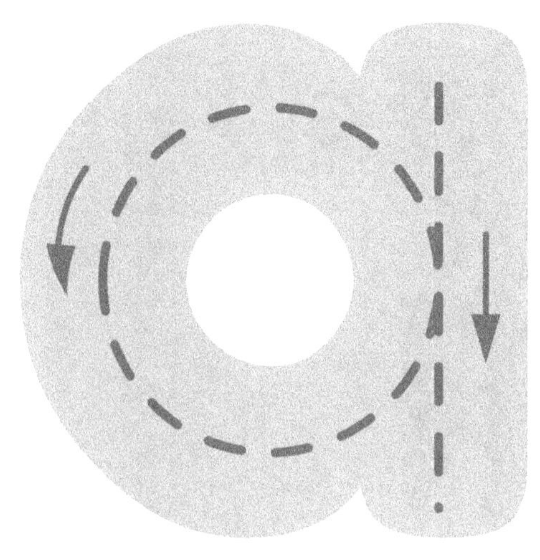

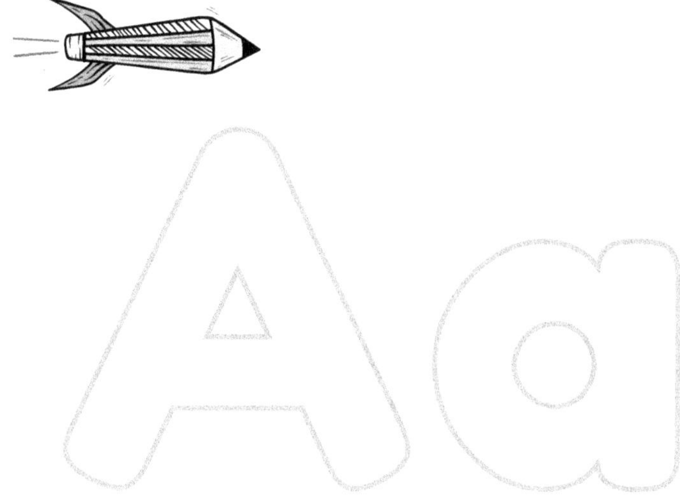

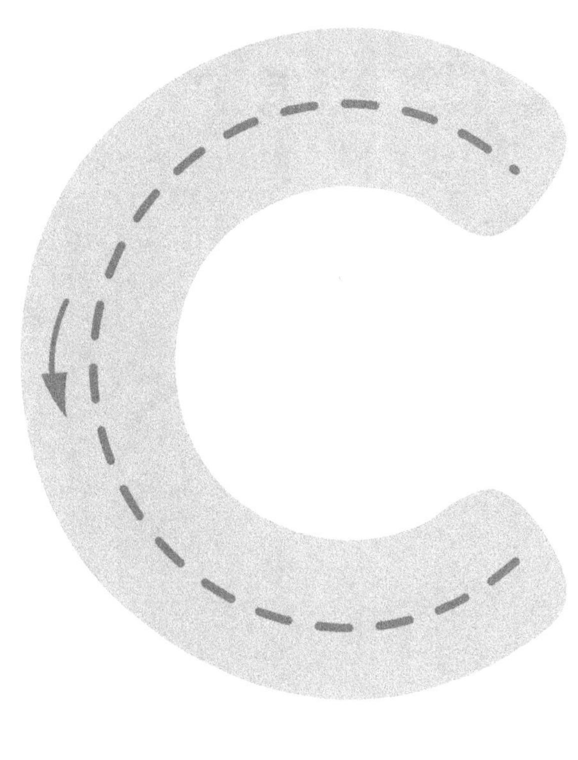

wie Chamäleon

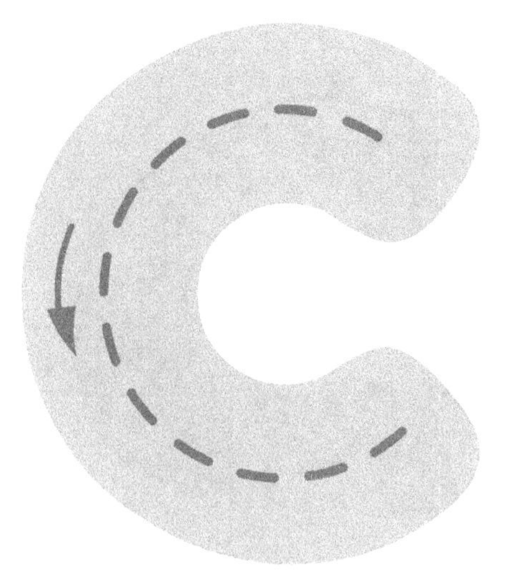

Das große D

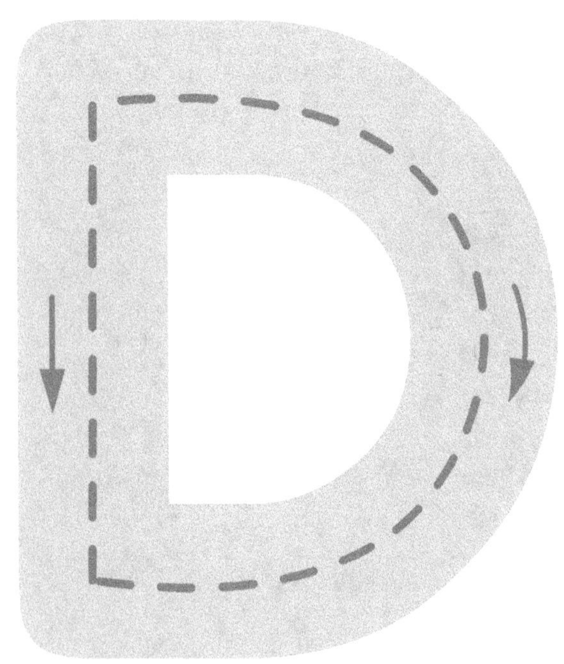

Das kleine d

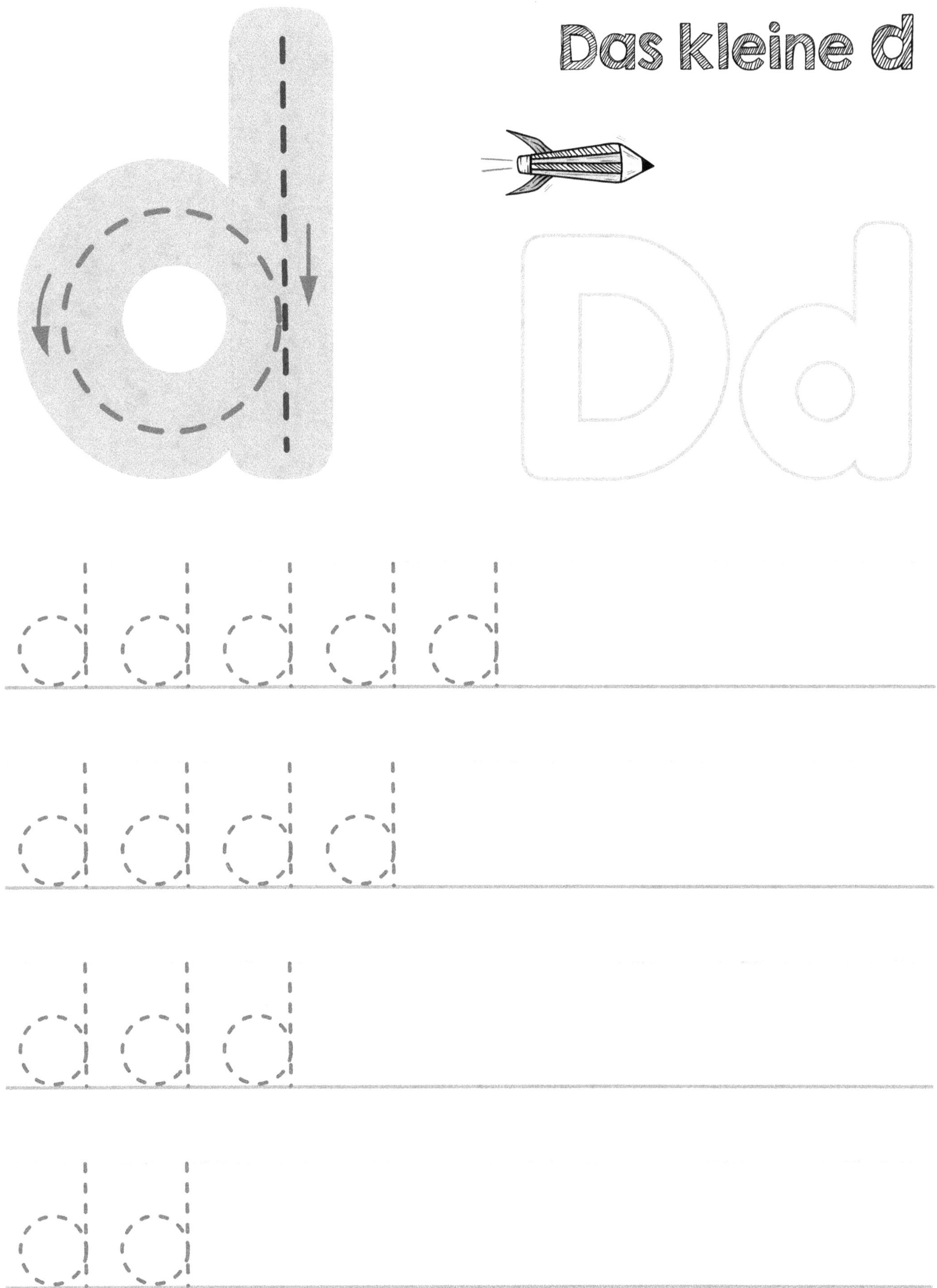

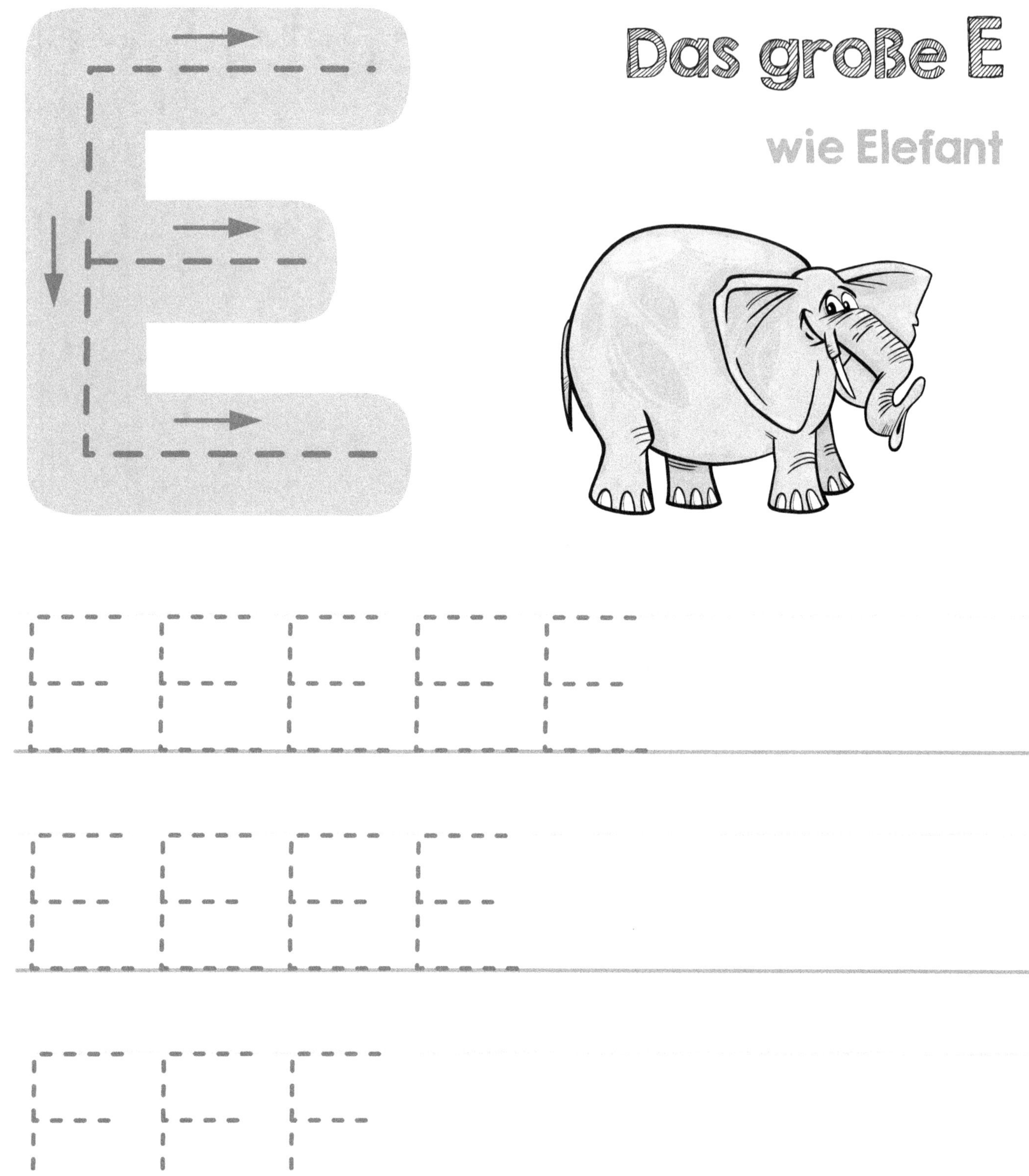

Das große E
wie Elefant

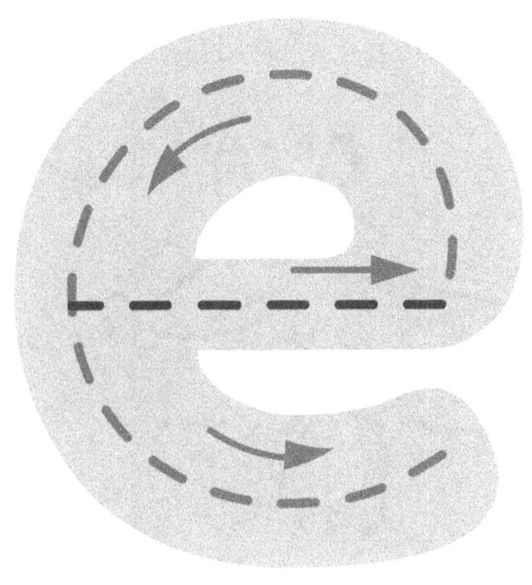

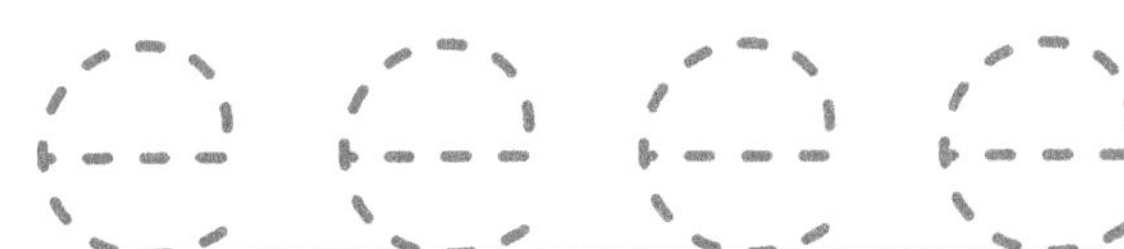

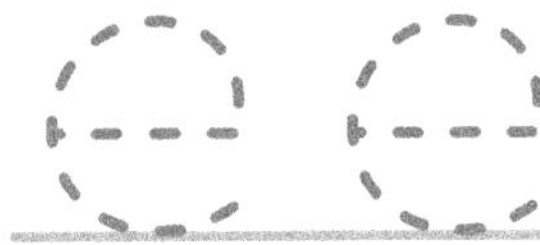

Das große F

wie Fuchs

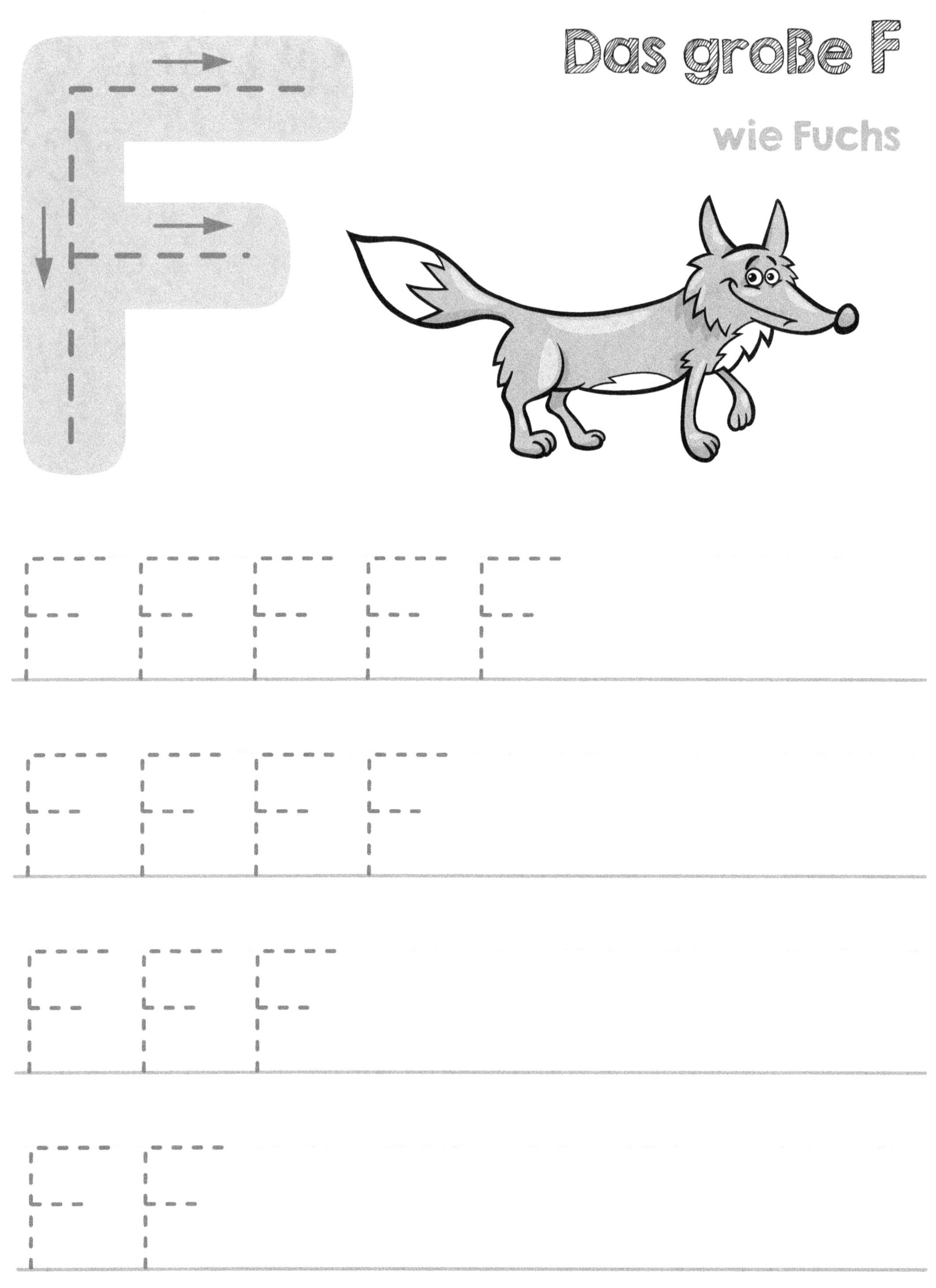

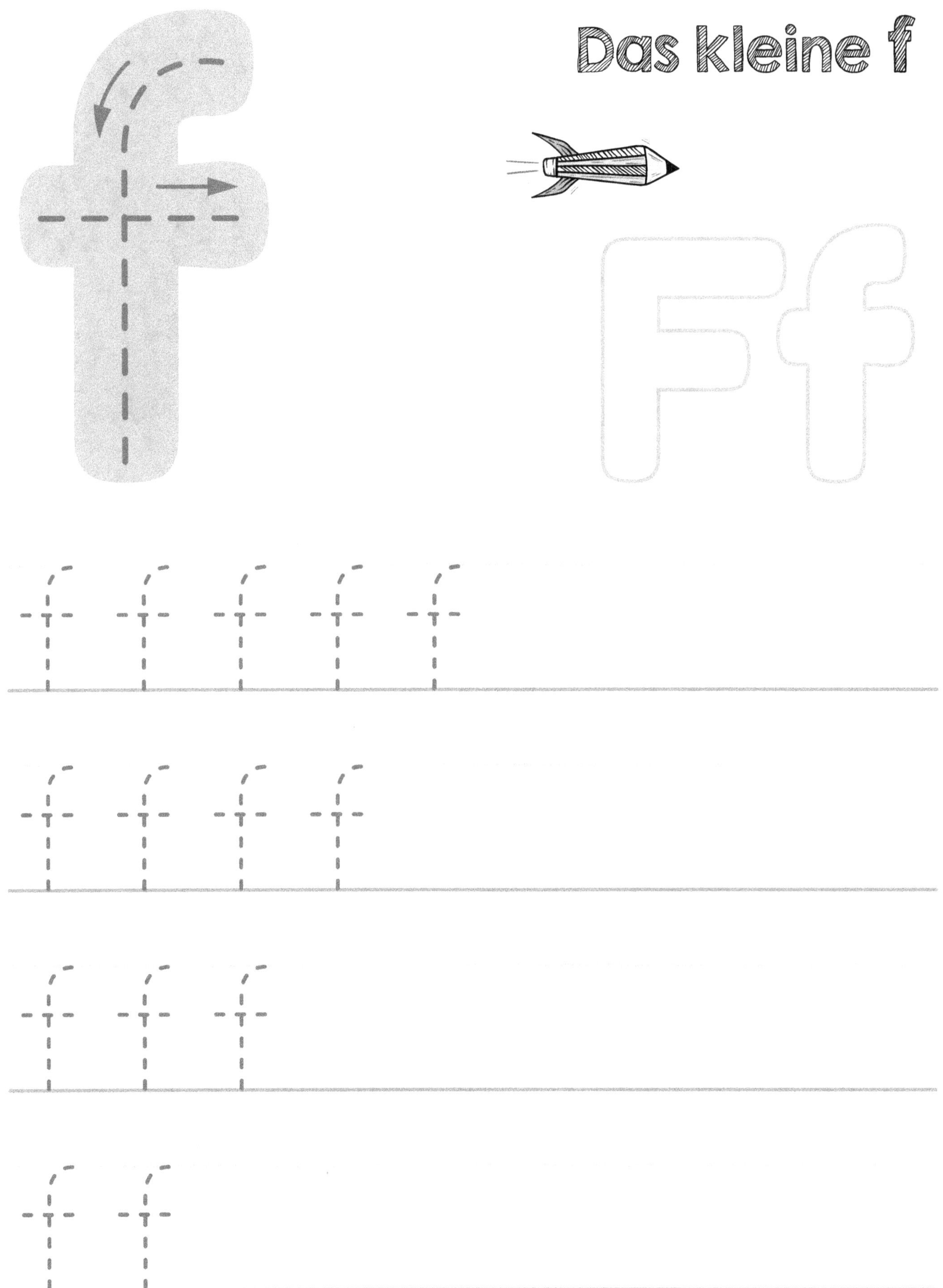

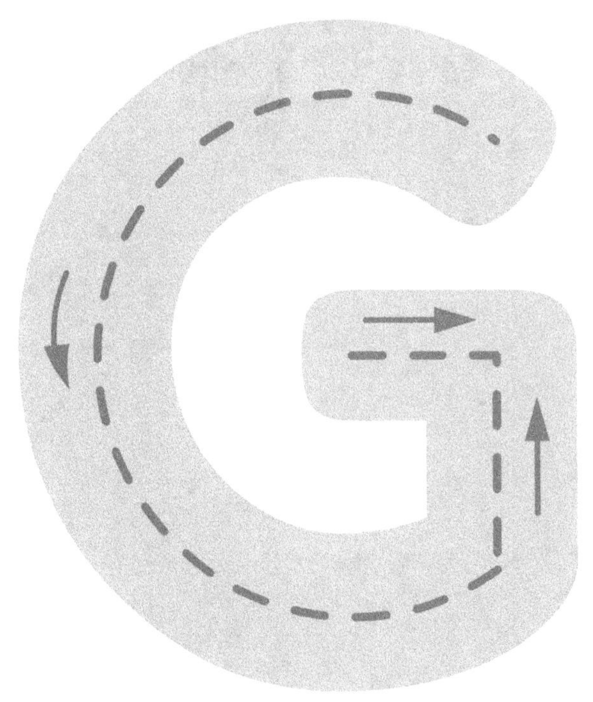

Das große G

wie Gorilla

G G G G G

G G G G

G G G

G G

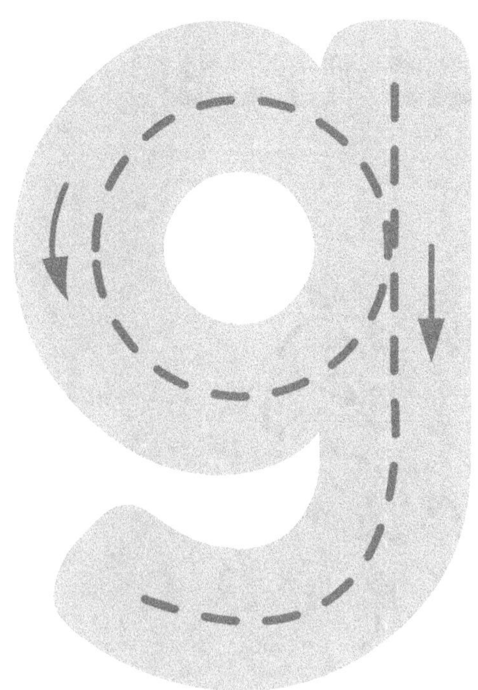

Das große H
wie Hund

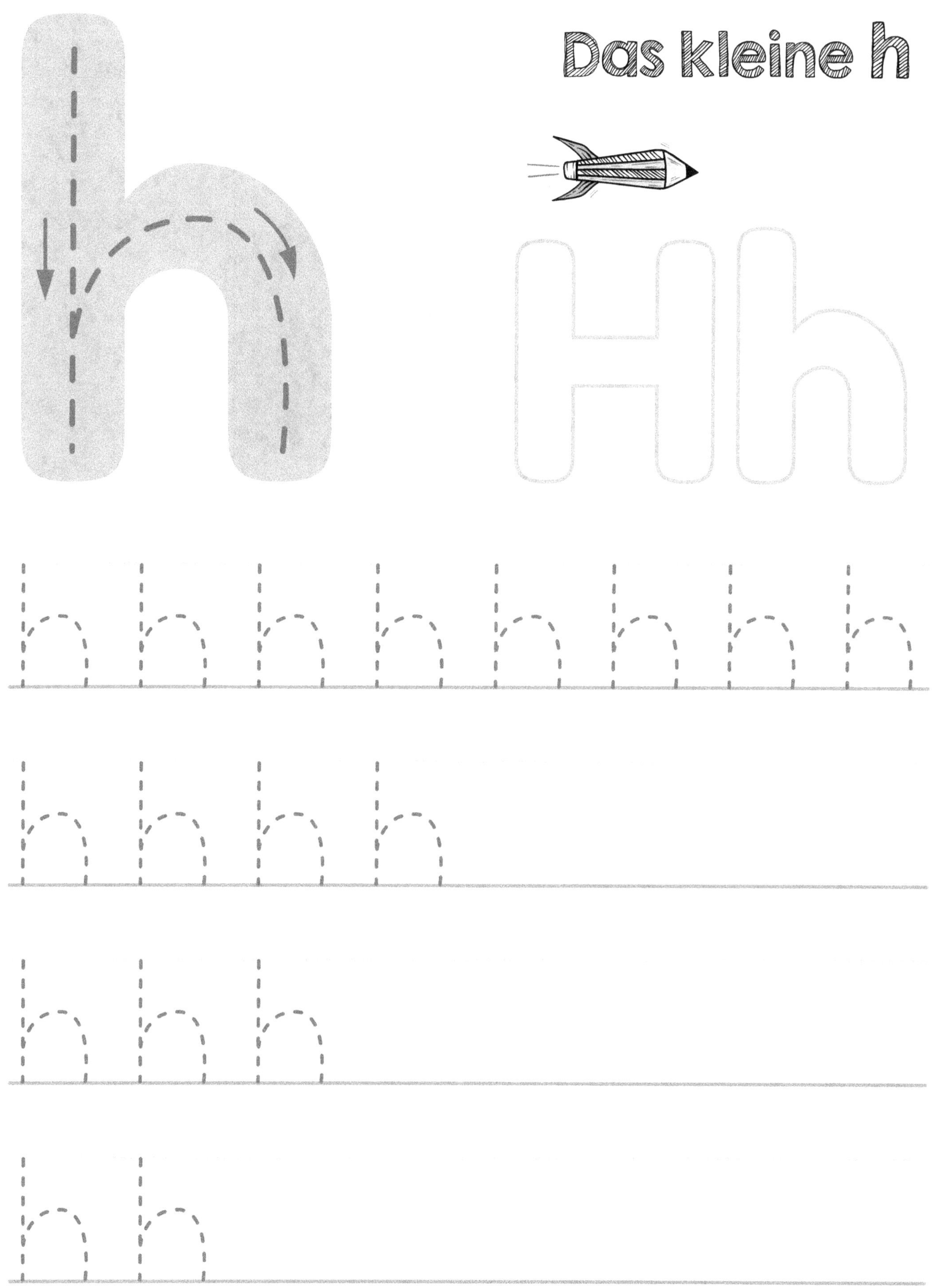
Das kleine h

Das große I
wie Igel

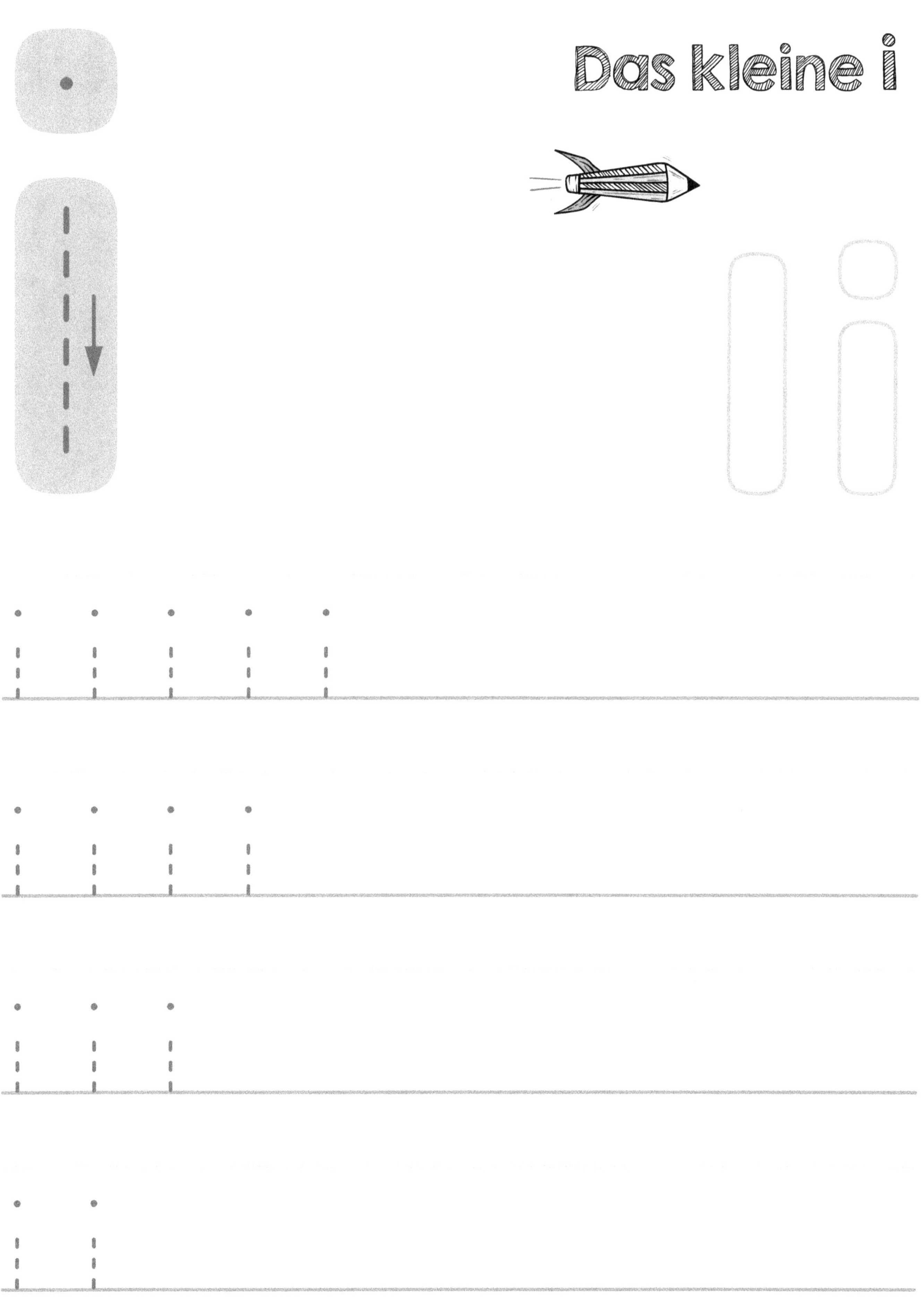
Das kleine i

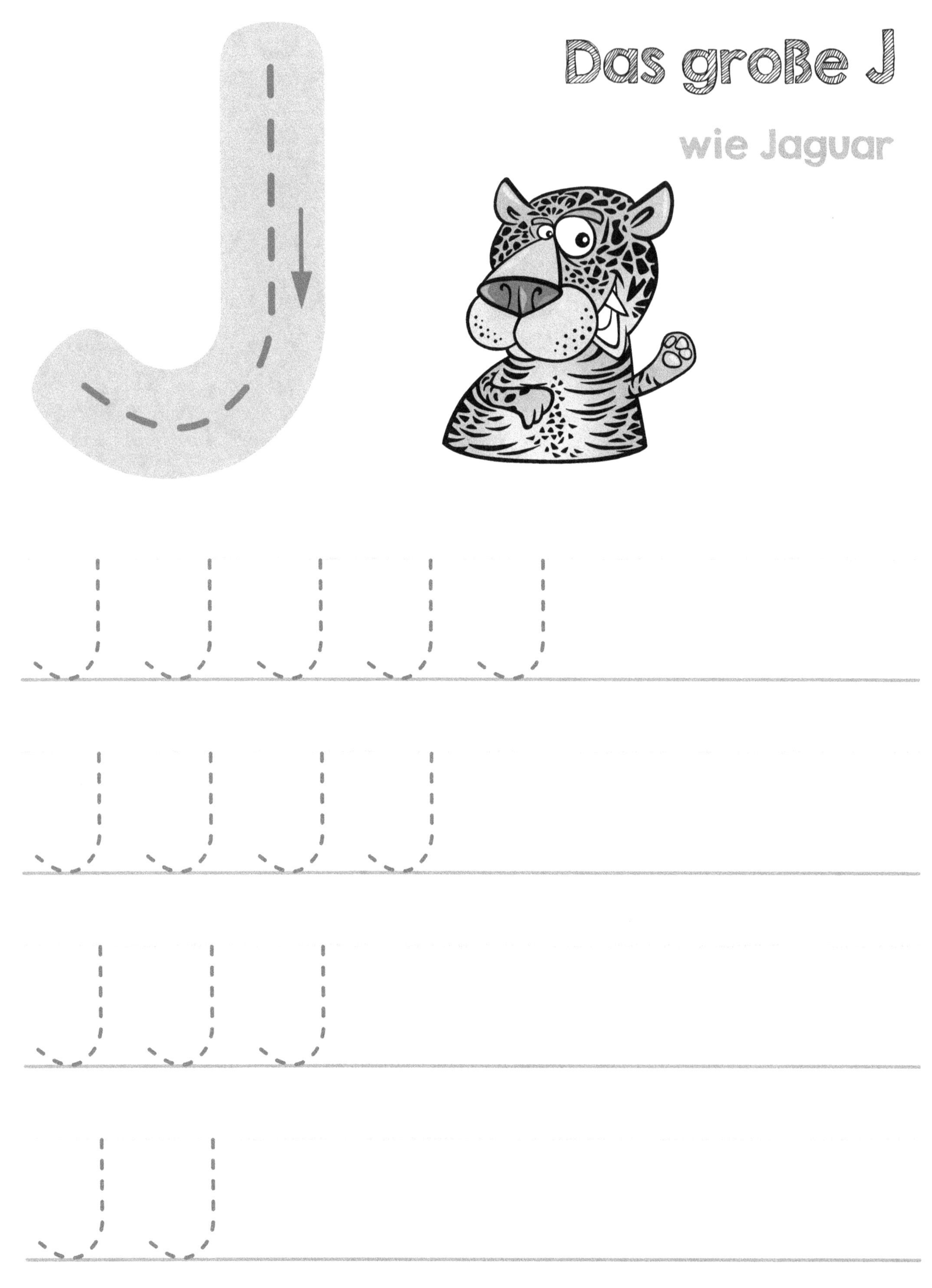
Das große J
wie Jaguar

Das kleine j

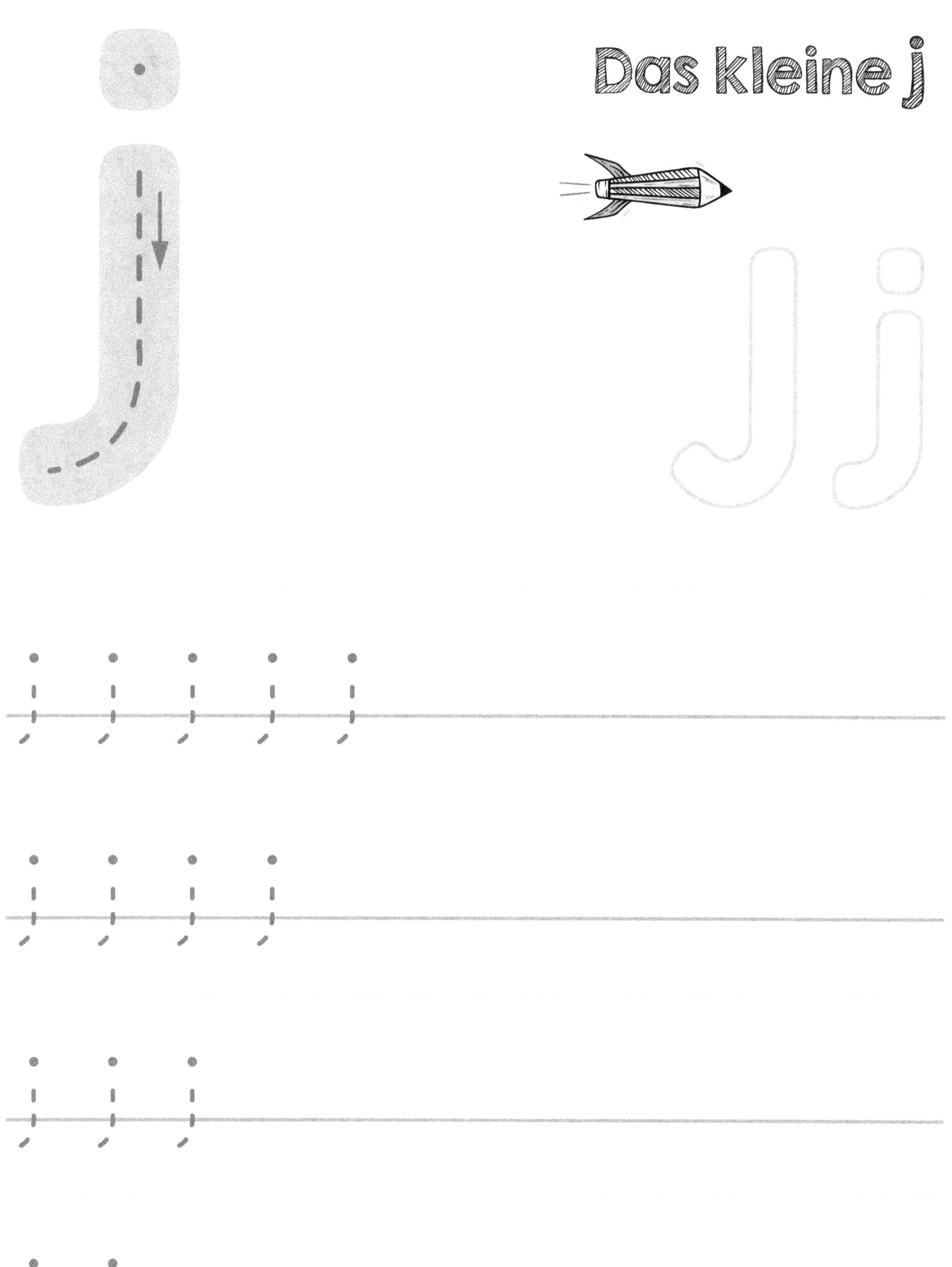

Das große K

wie Känguru

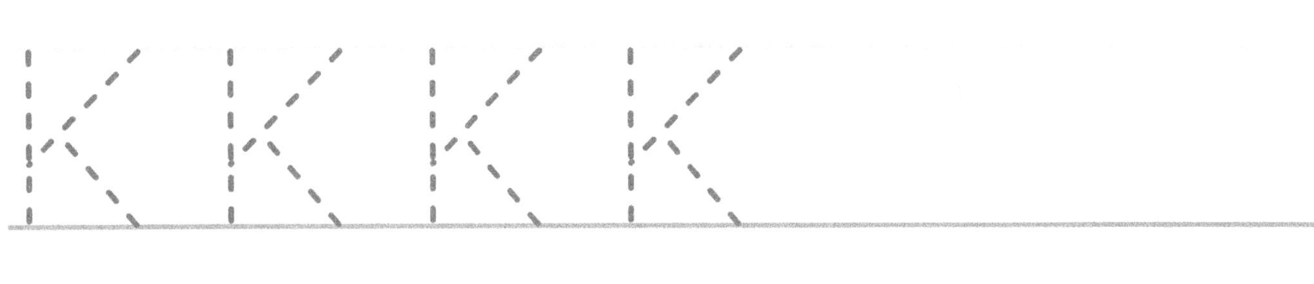

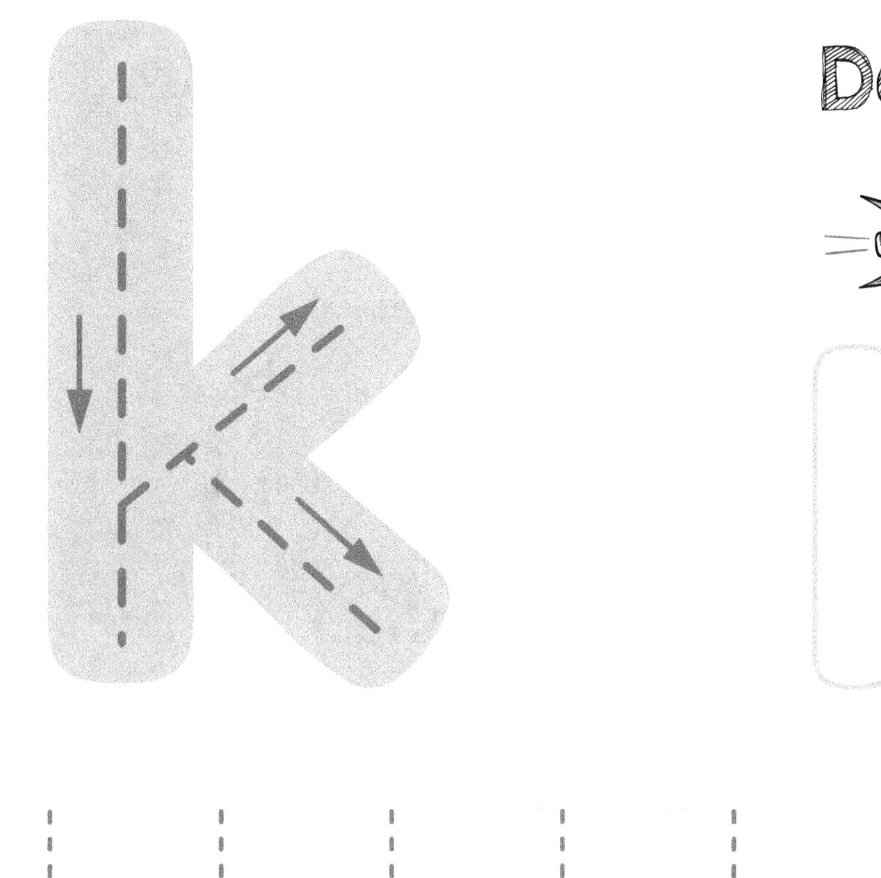

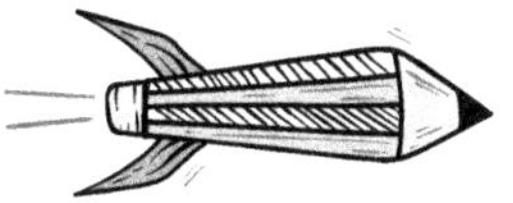

wie Löwe

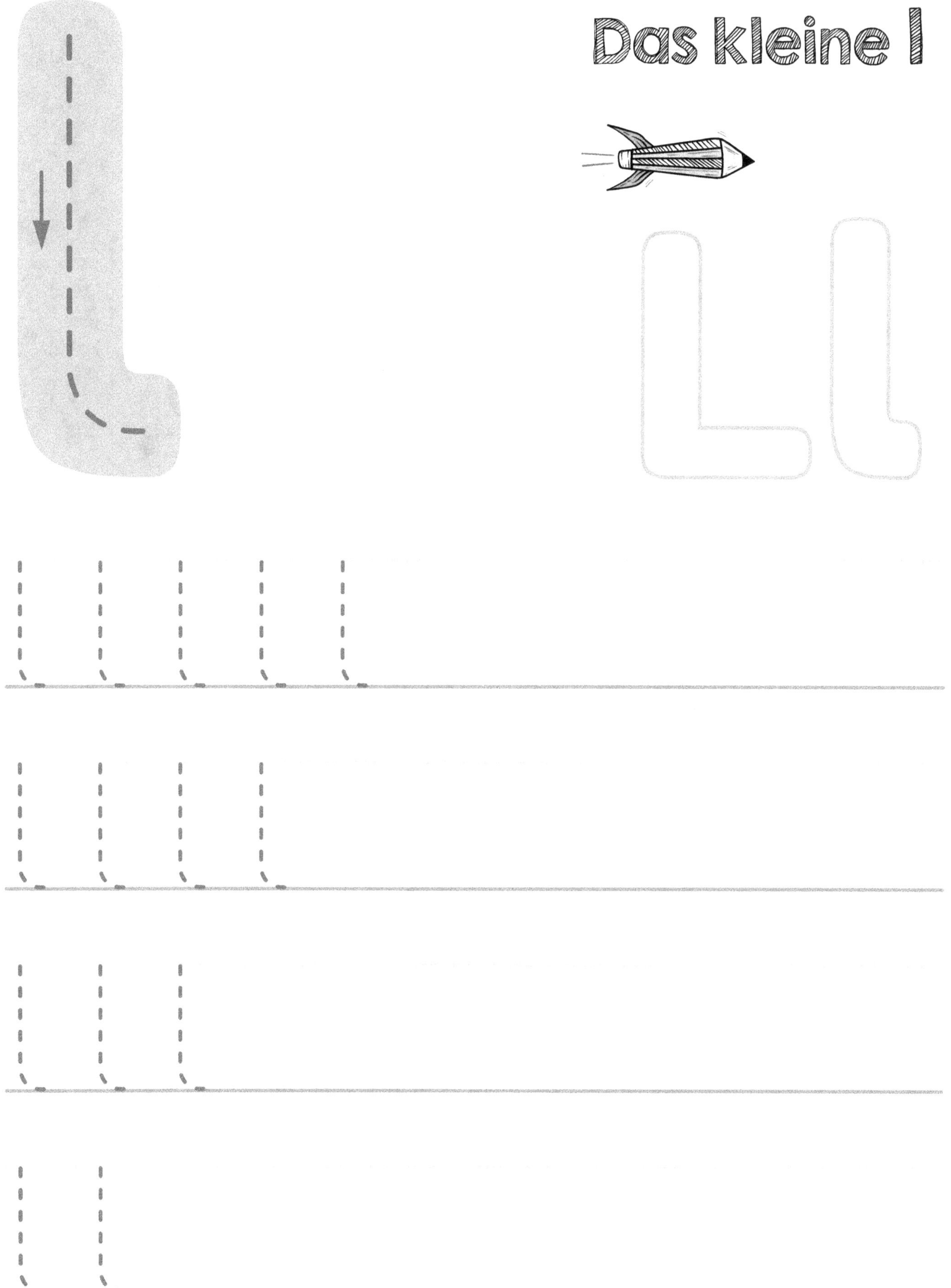

Das kleine l

Das große M
wie Maus

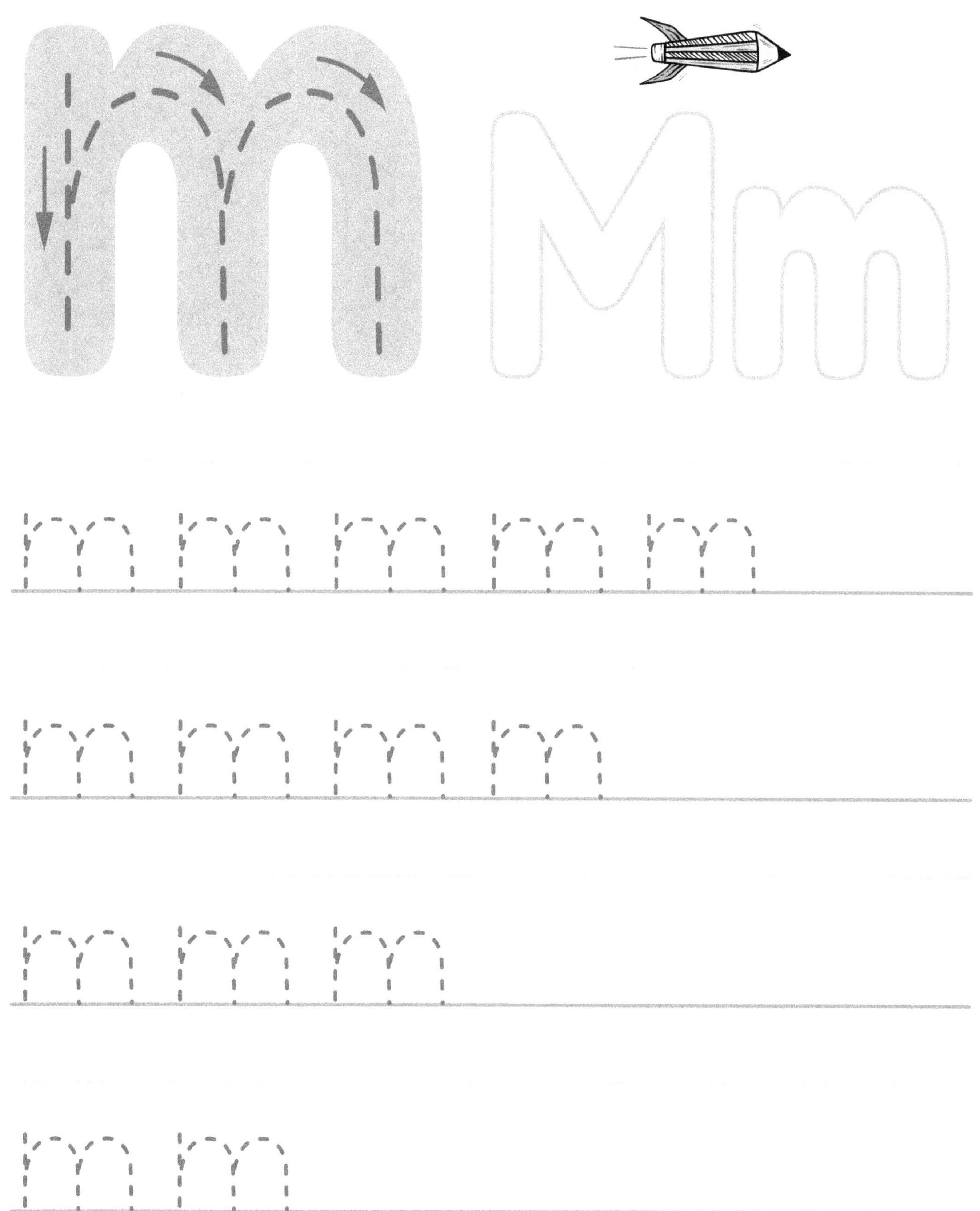

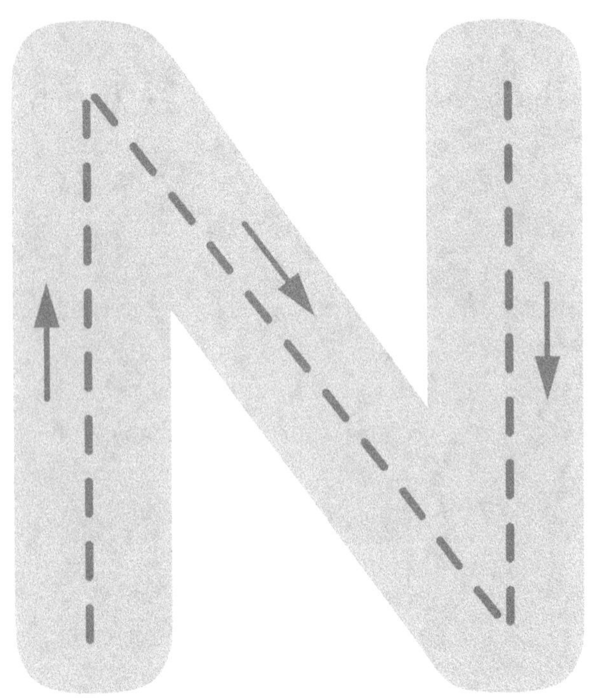

wie Nashorn

Das große O

wie Otter

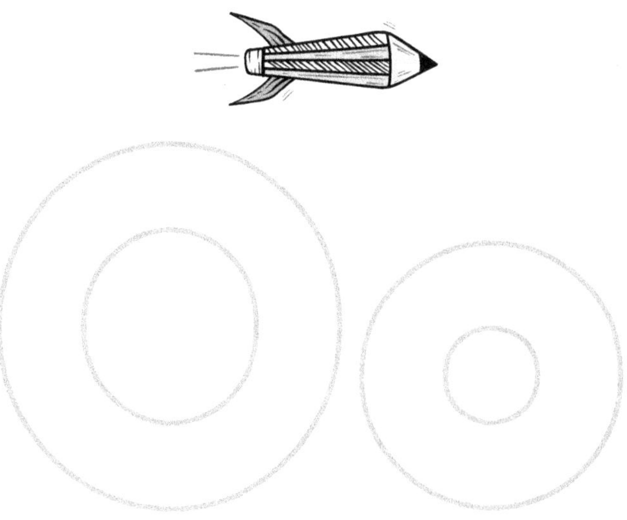

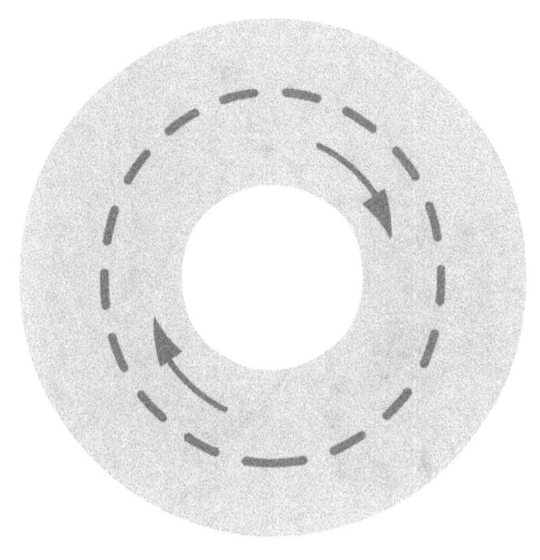

wie Pferd

P P P P P

P P P P

P P P

P P

Das kleine p

Pp

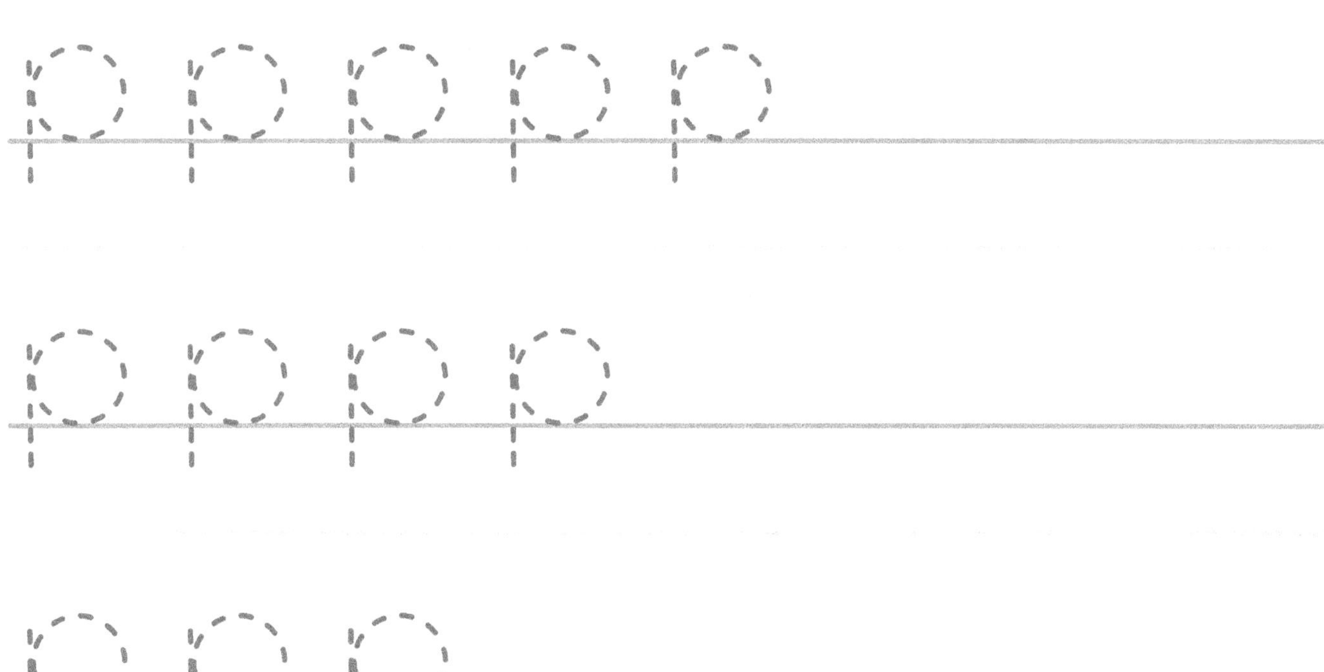

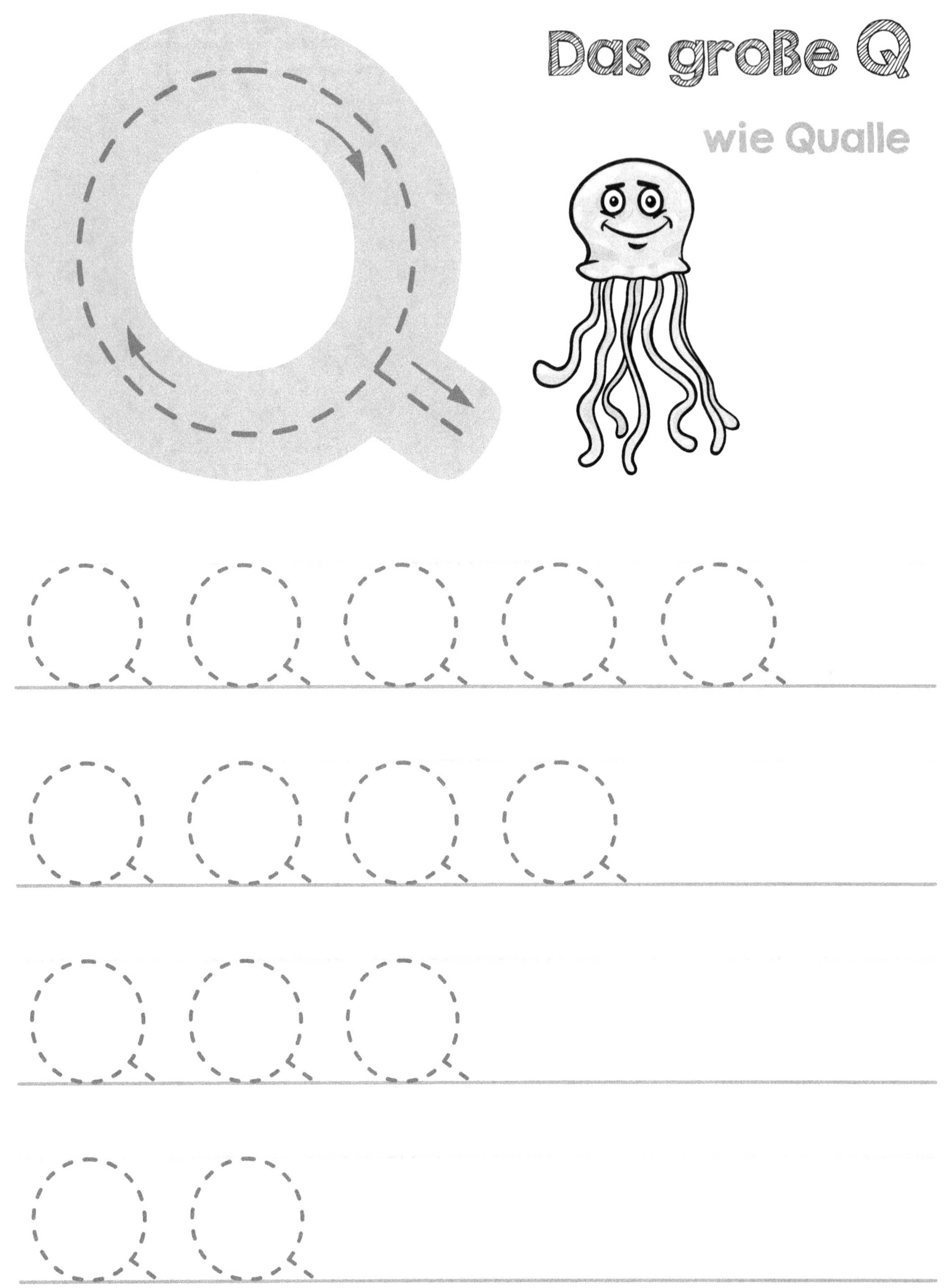

Das große Q
wie Qualle

Das kleine q

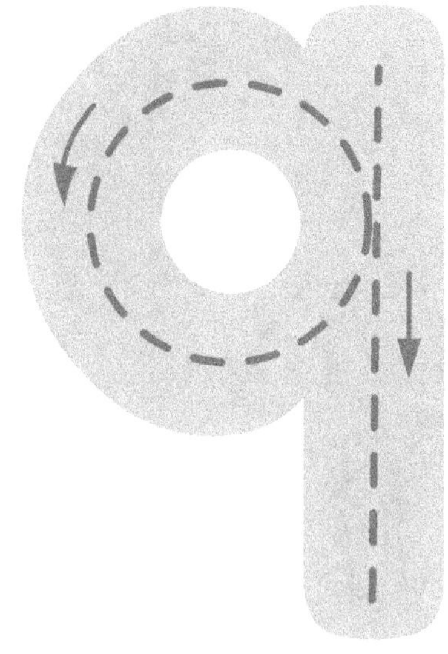

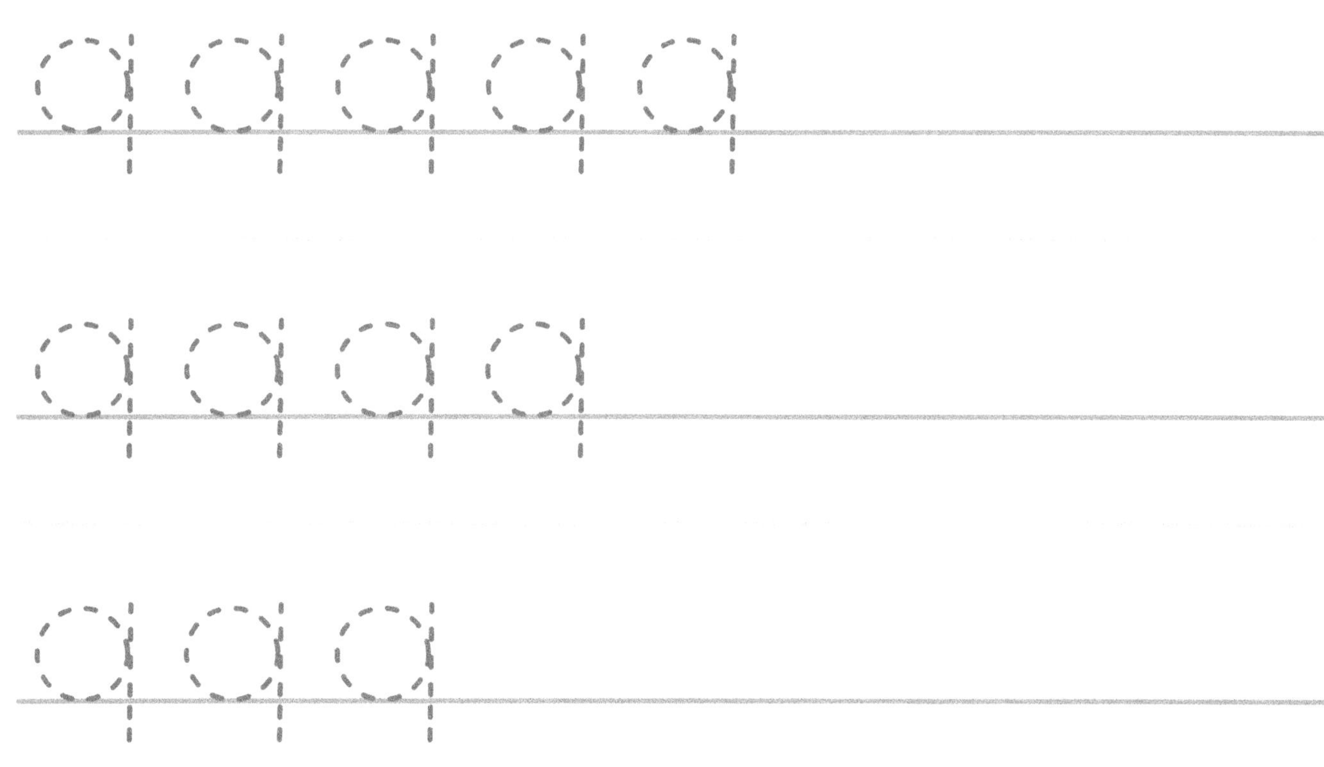

Das große R
wie Reh

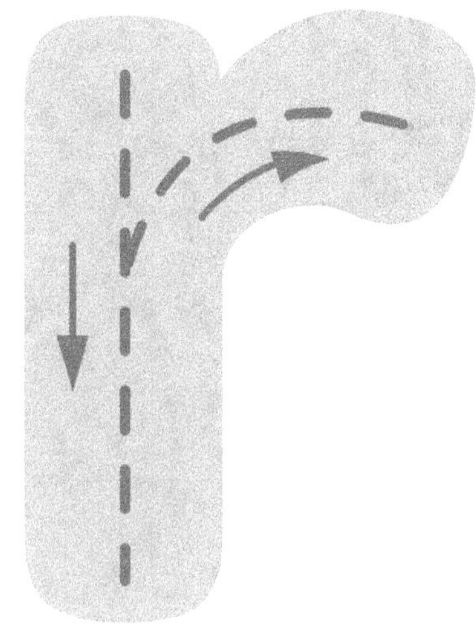

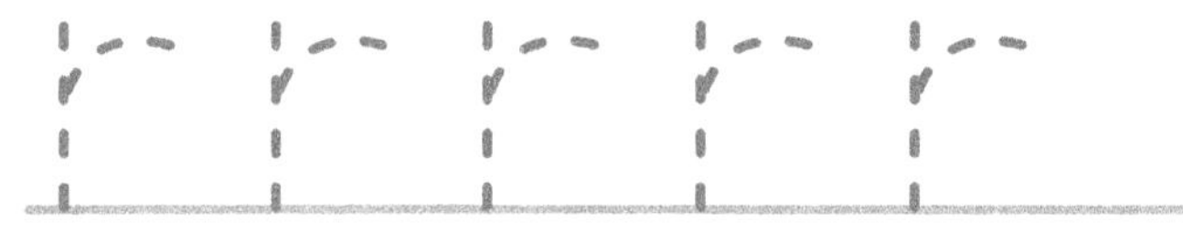

wie Schwein

s s s s s

s s s s

s s s

s s

Das große T

wie Tukan

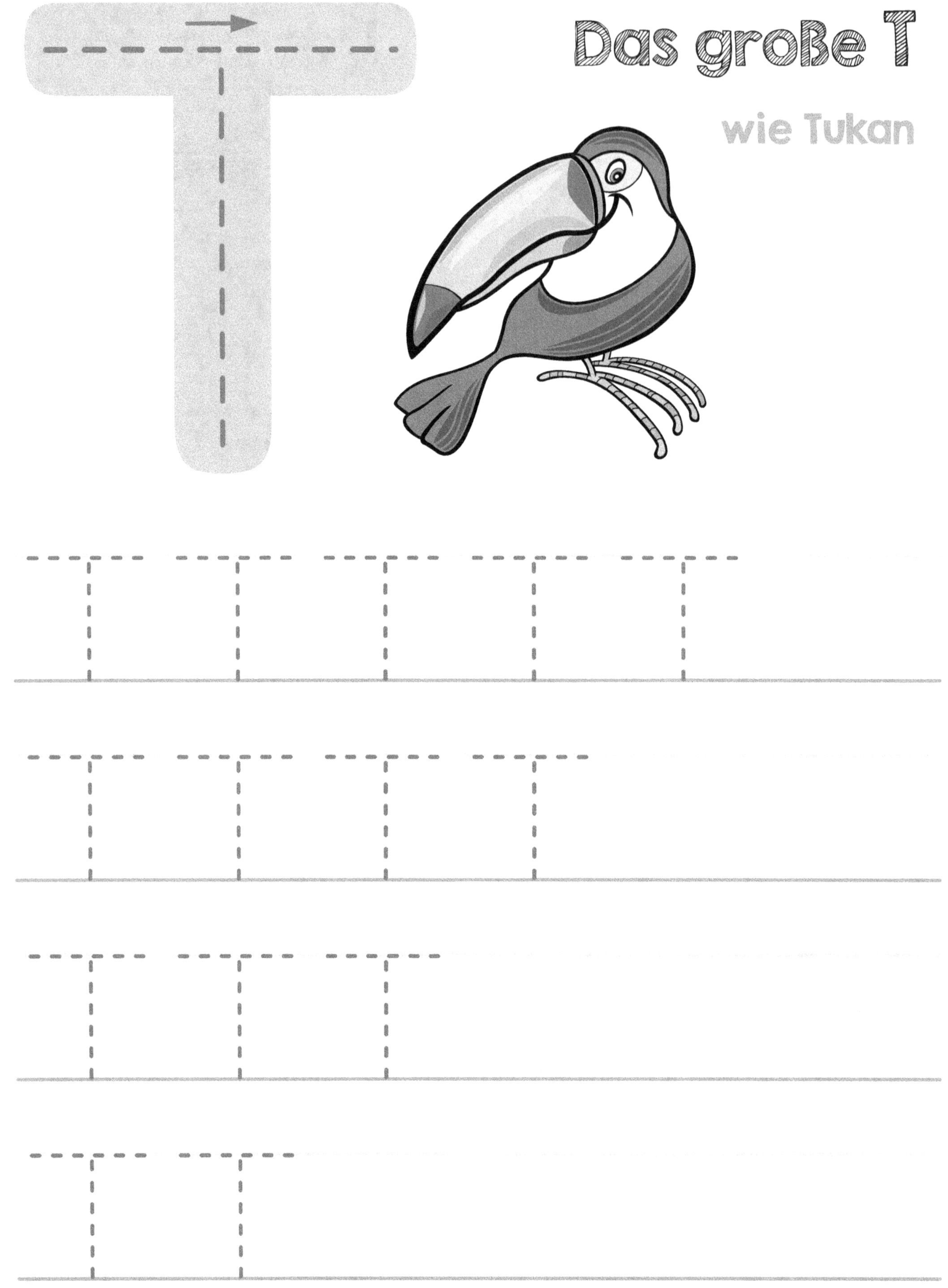

Das kleine t

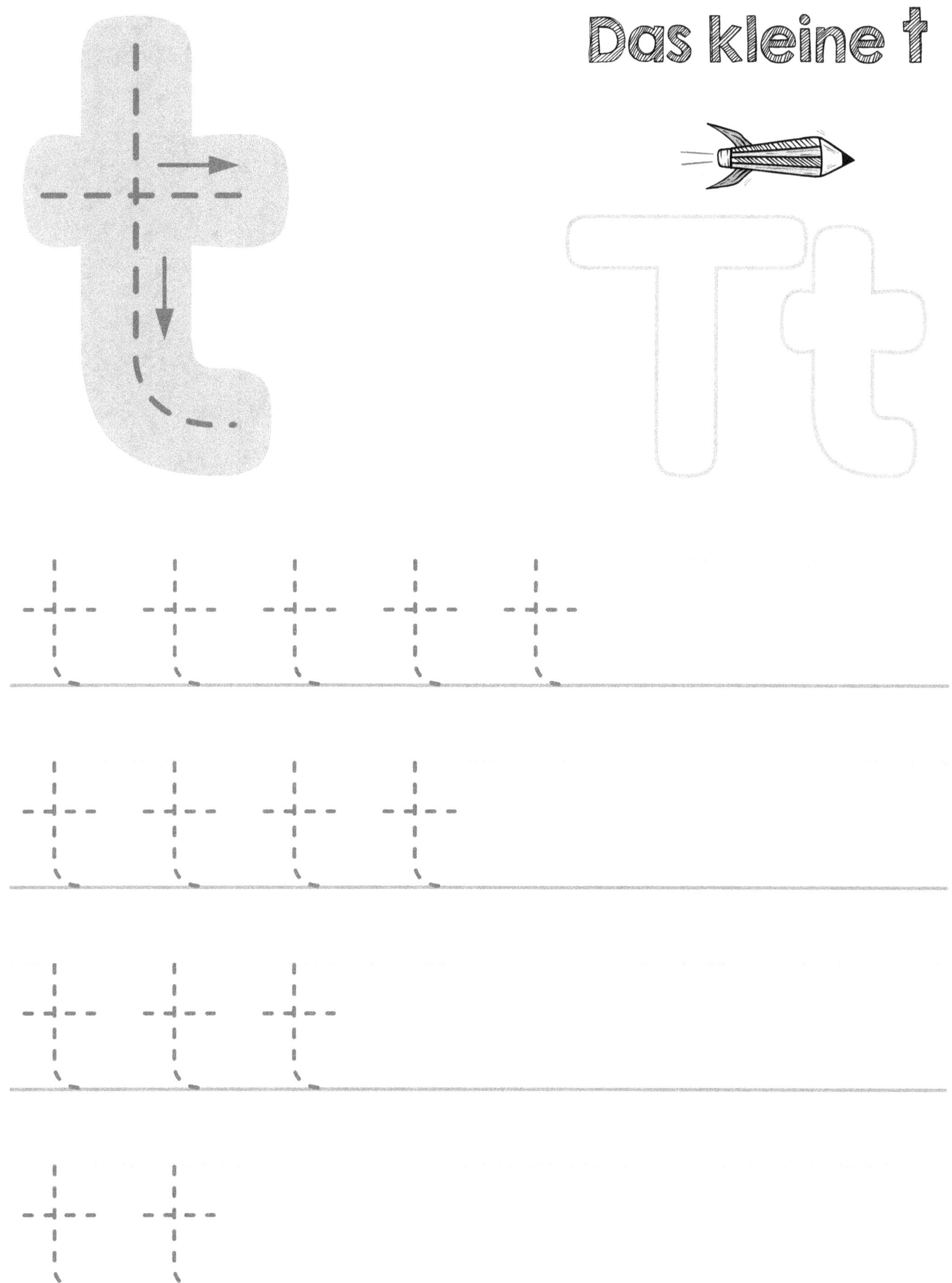

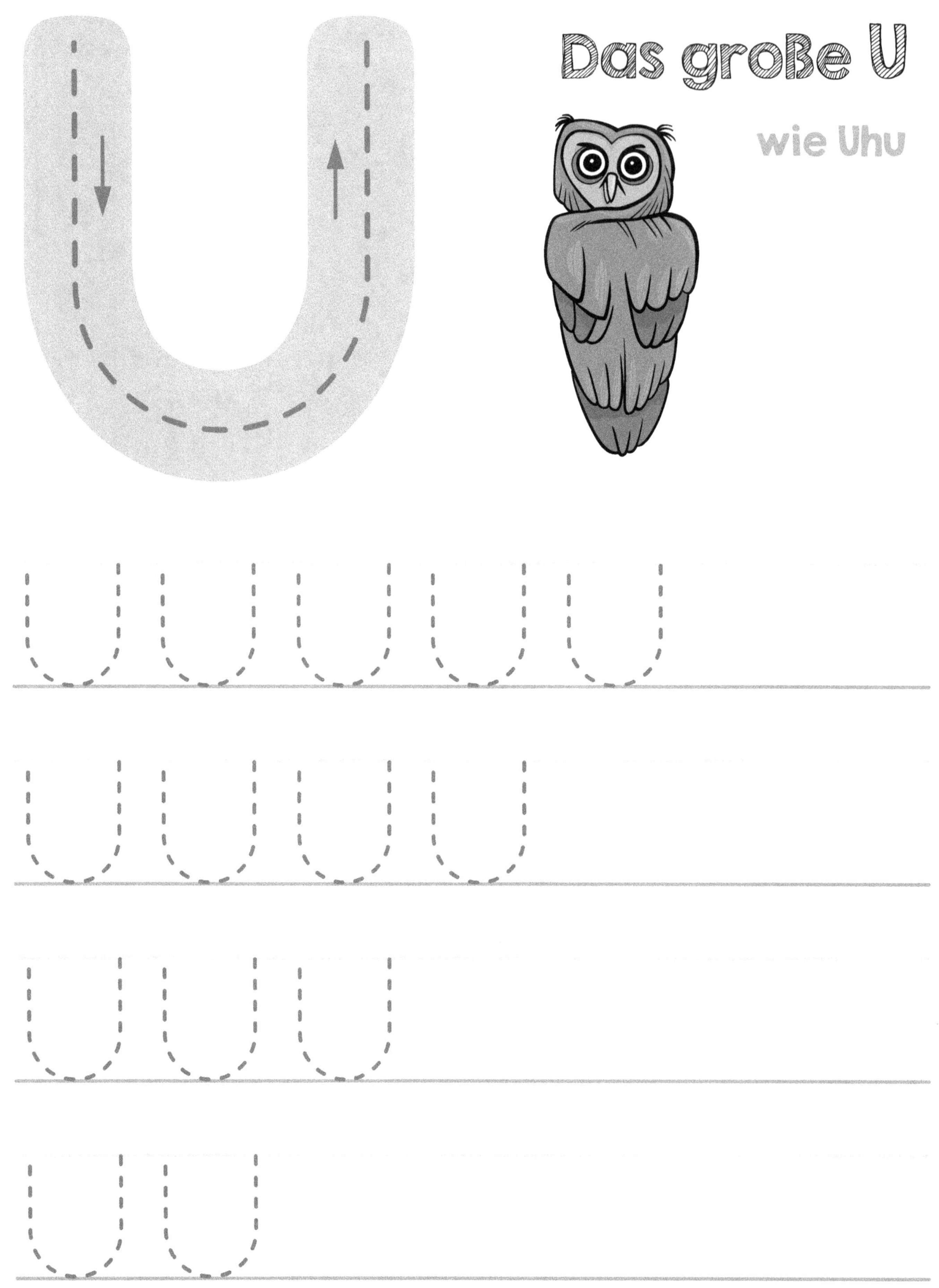

Das große U
wie Uhu

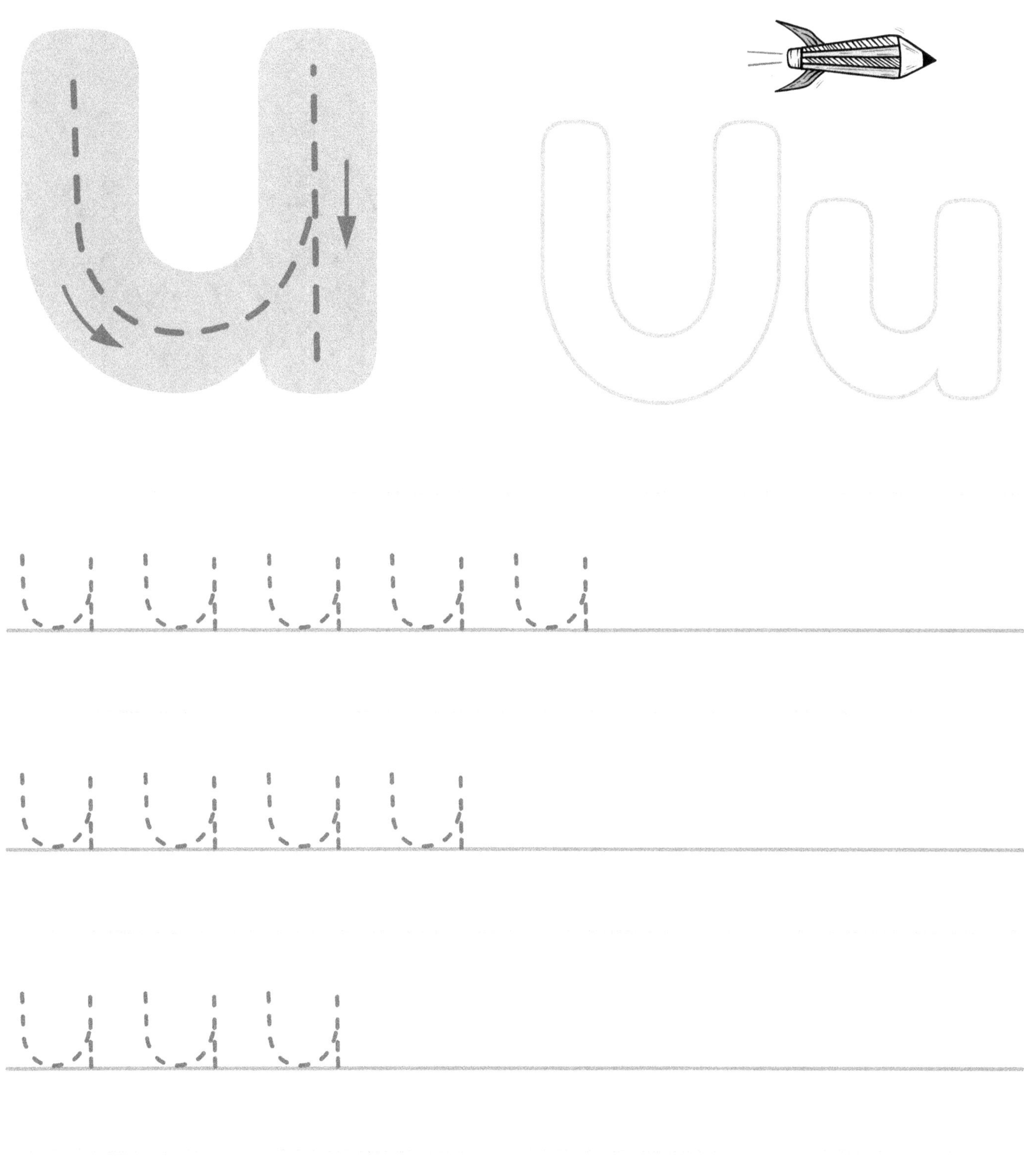

wie Viper

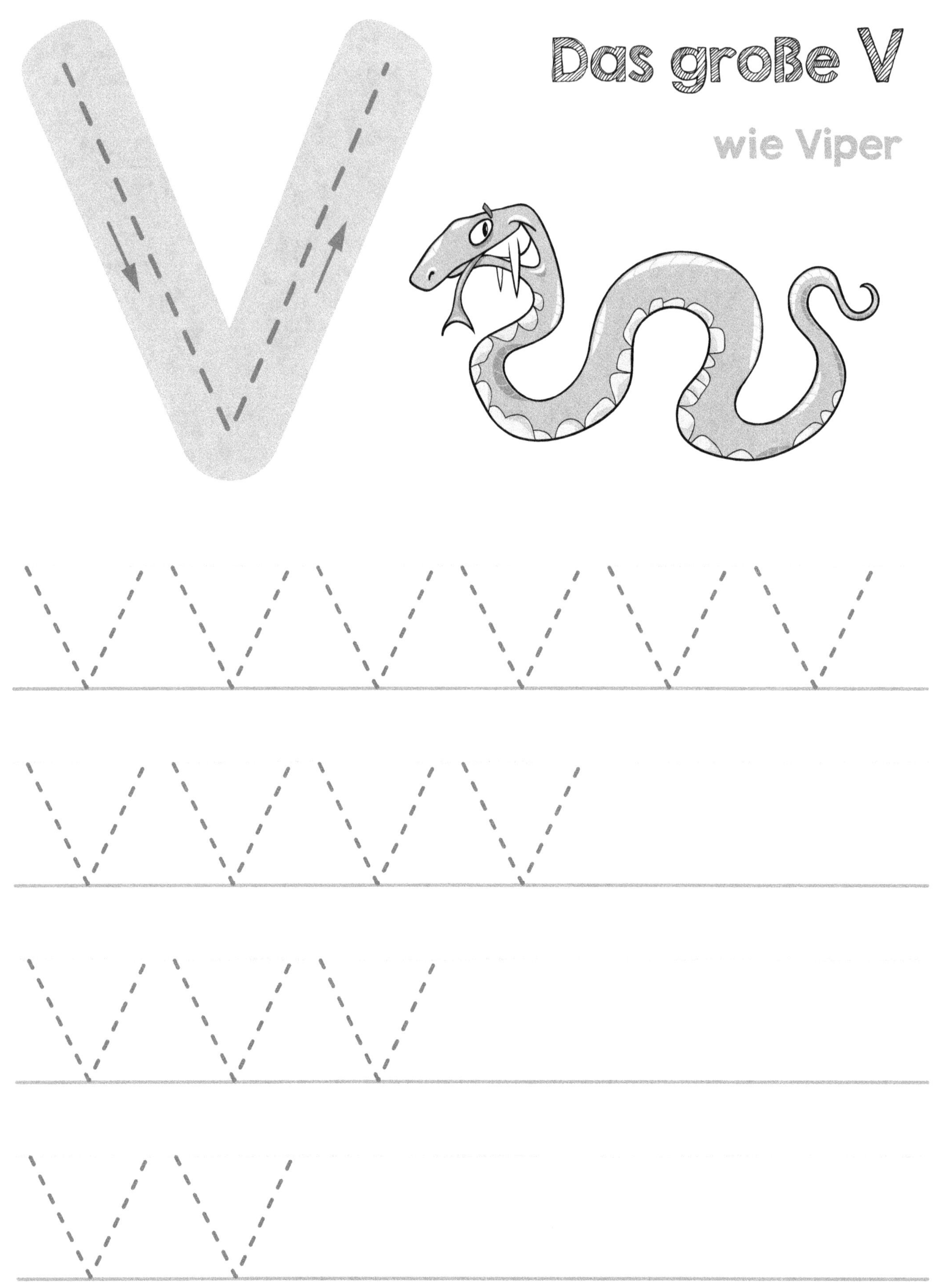

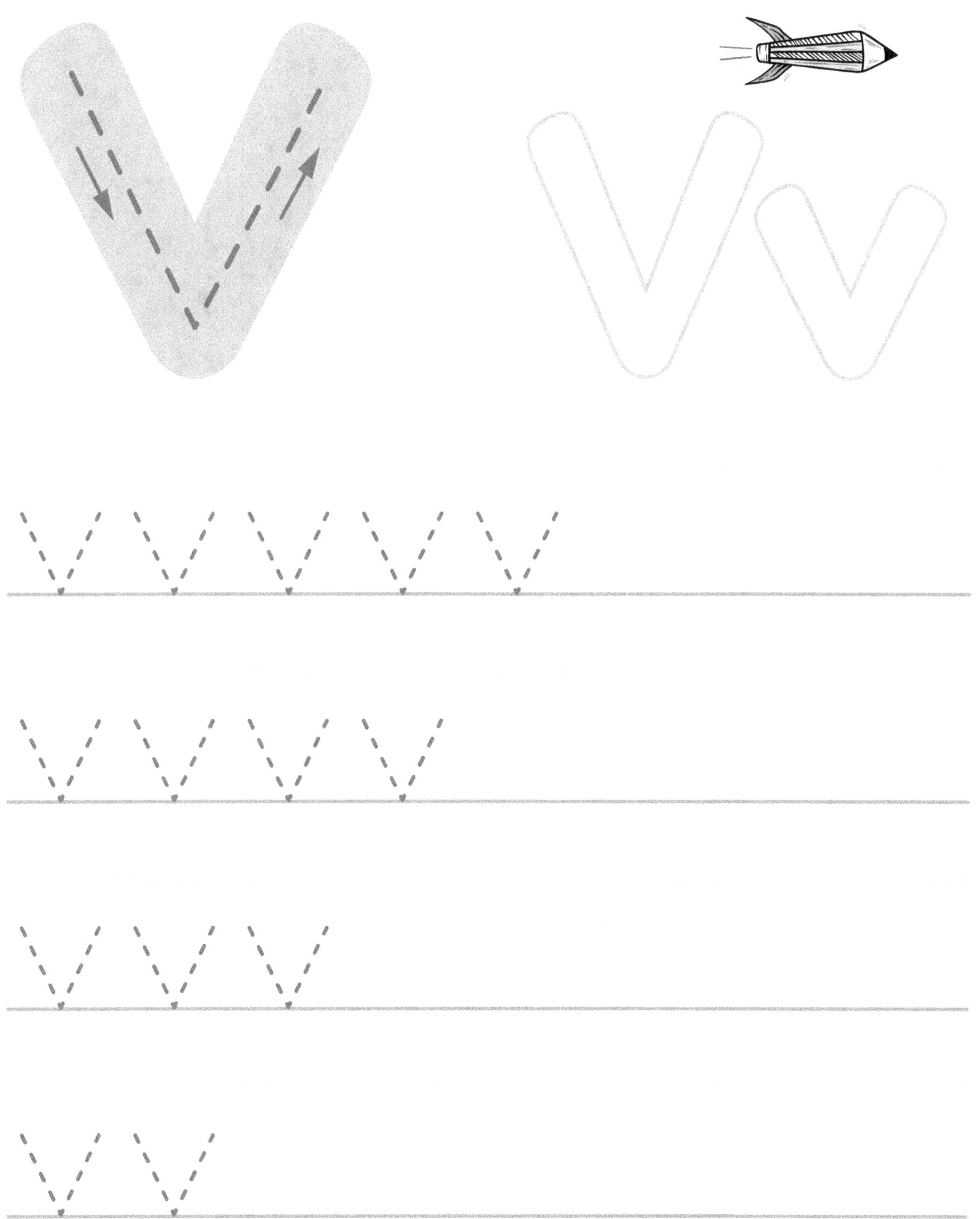

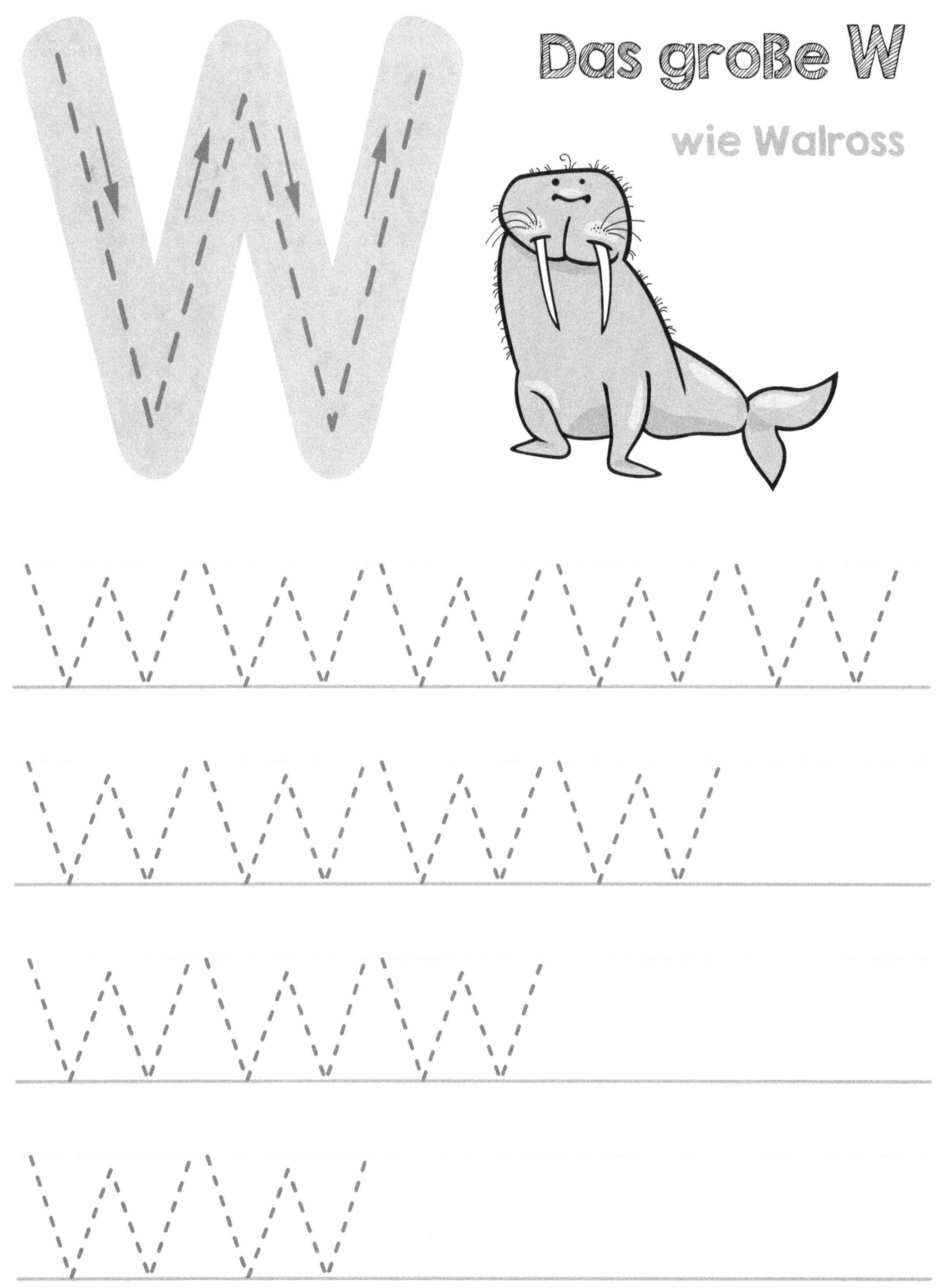

Das große W
wie Walross

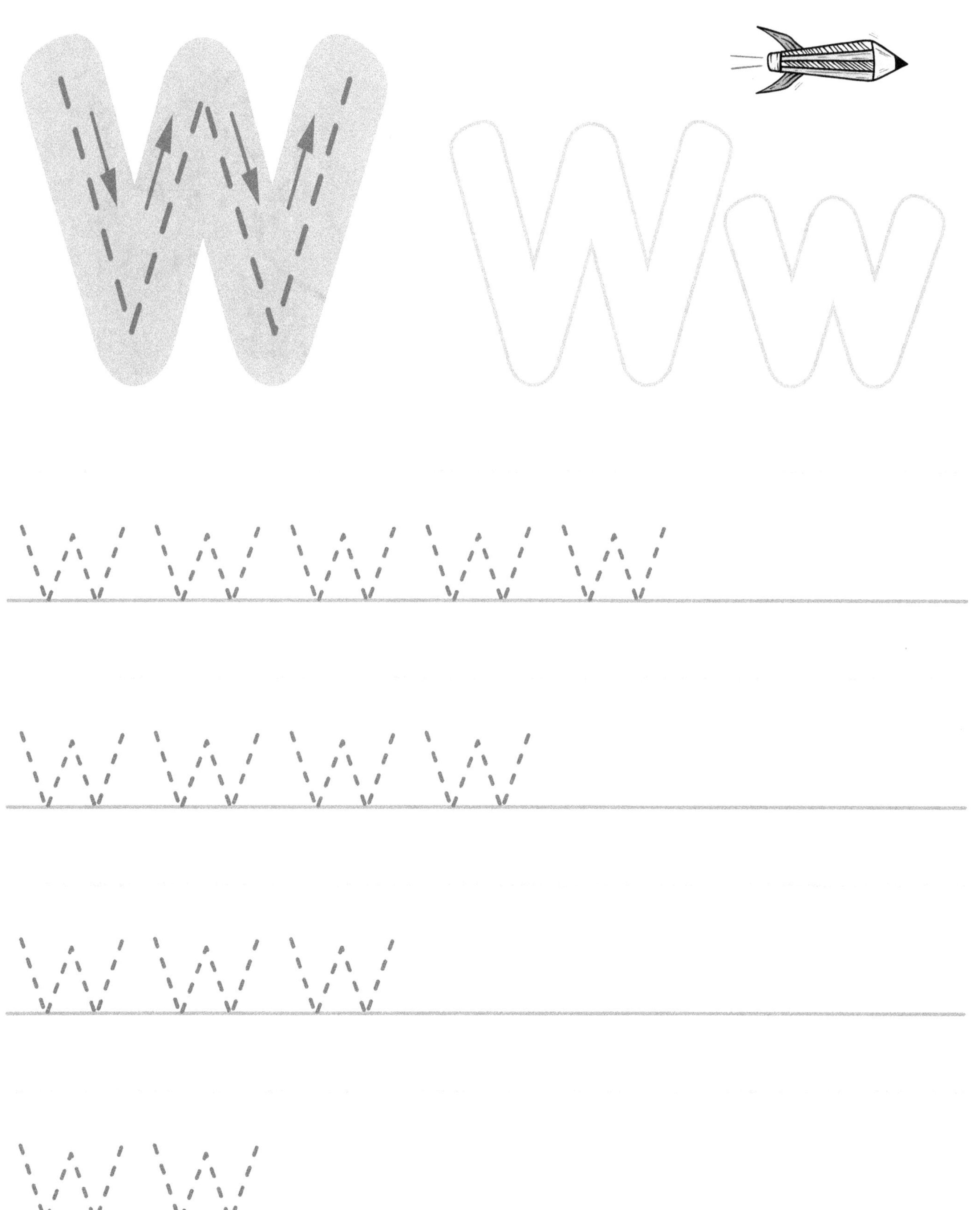

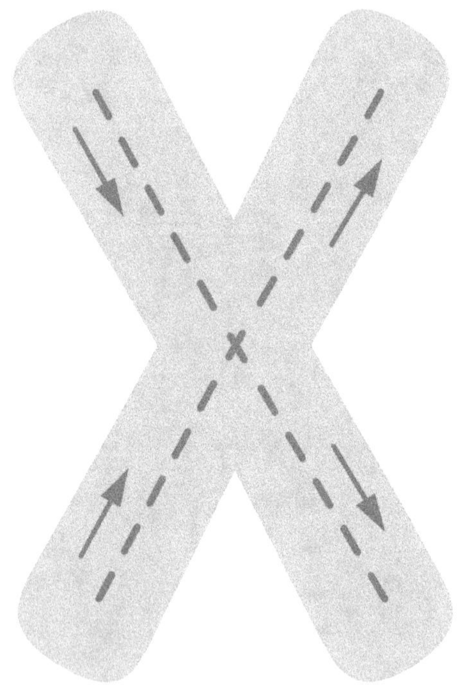

wie Xerus

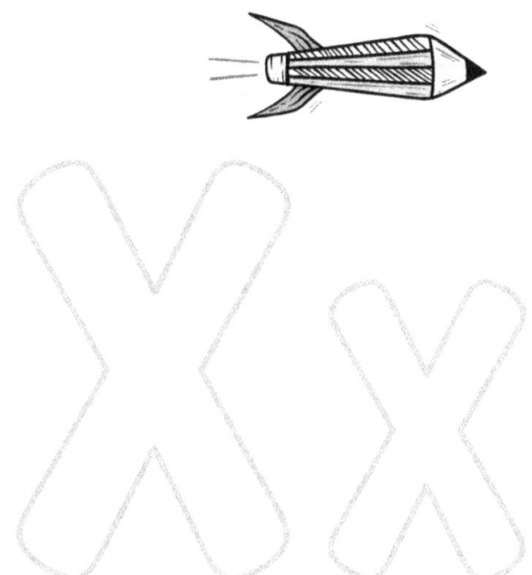

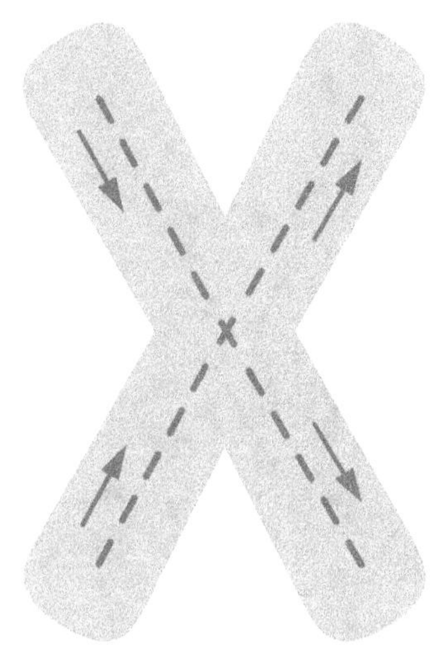

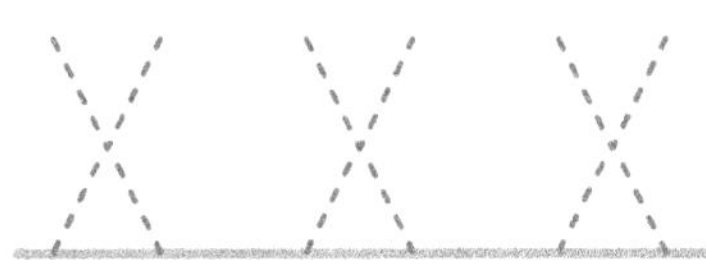

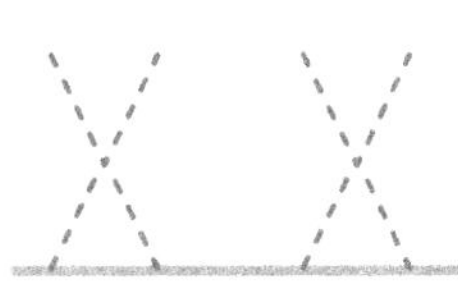

wie Yak

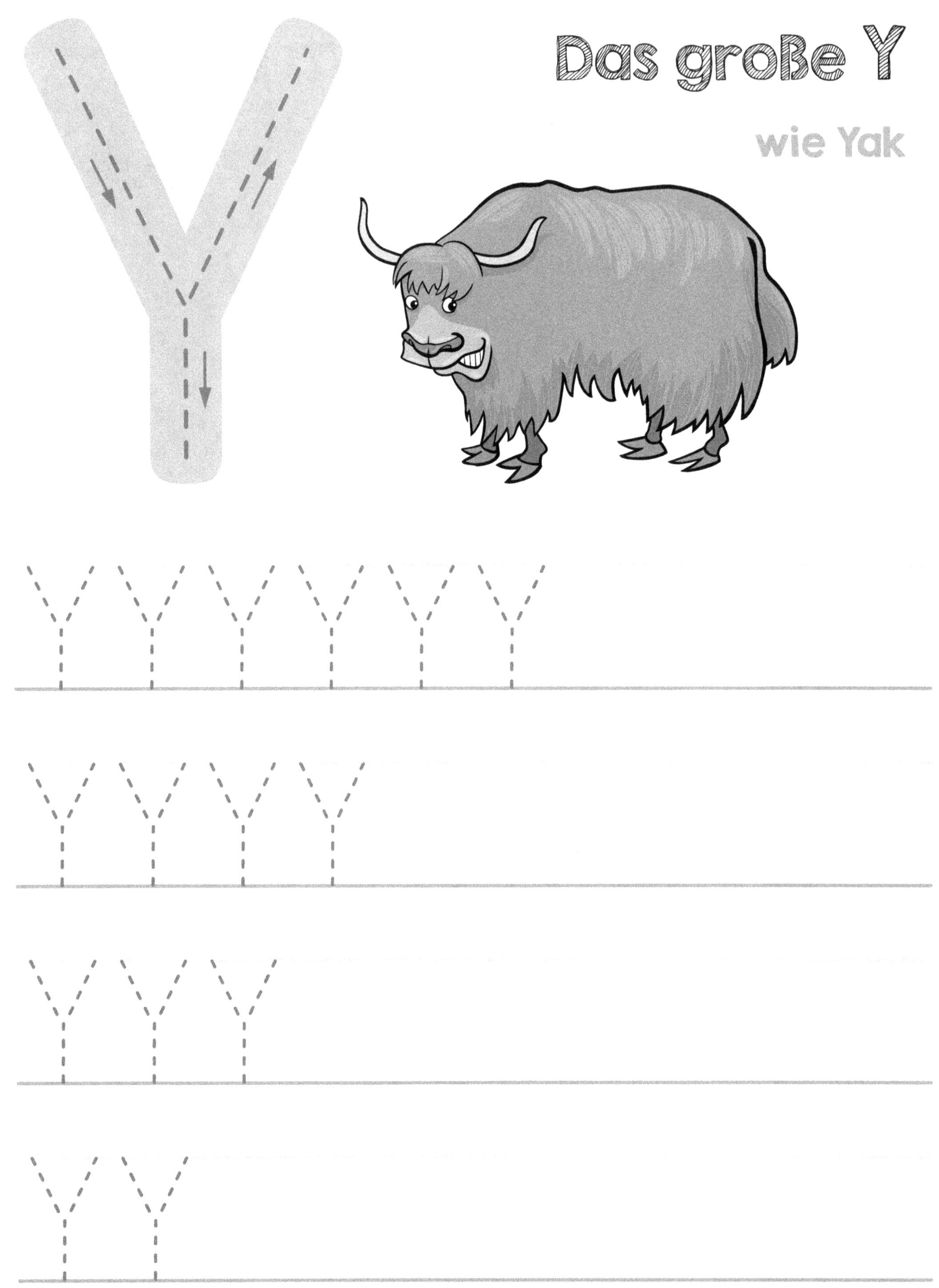

Das kleine y

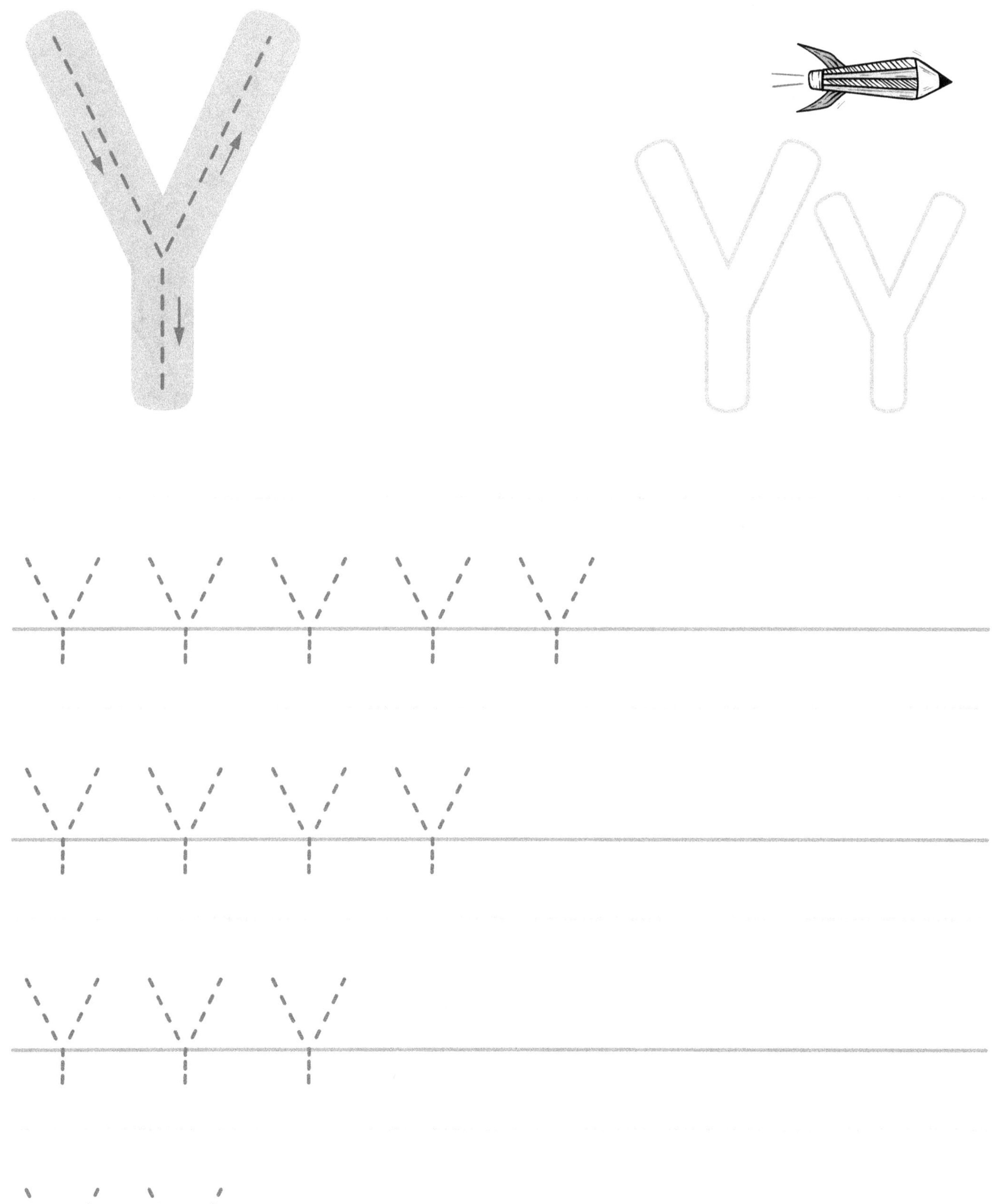

Das große Z

wie Ziege

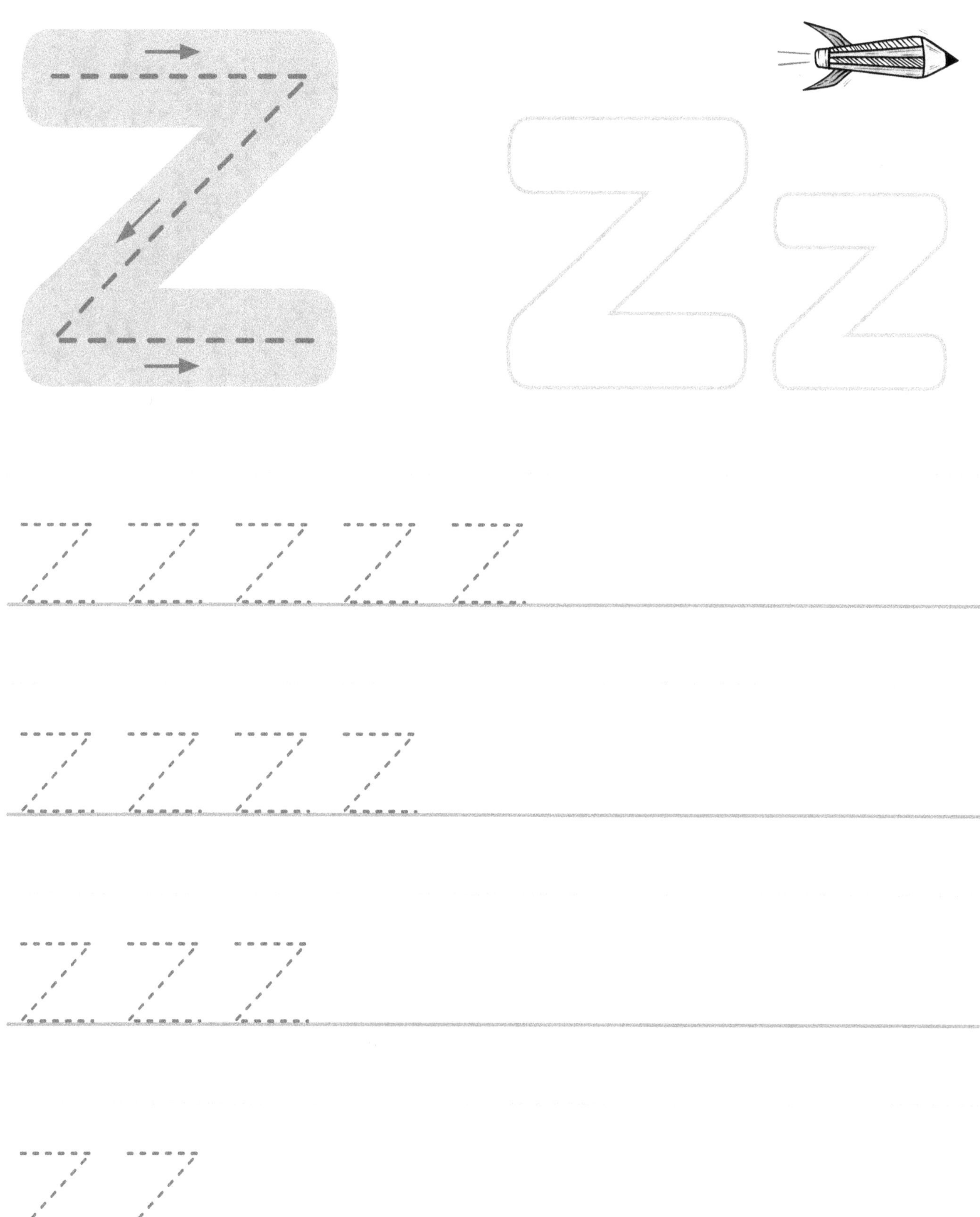

2

3

3 3 3 3 3 3 3 3 3

3 3 3 3 3 3 3 3 3

3

4

5

5 5 5 5 5 5 5 5 5

5 5 5 5 5 5 5 5 5

5

6

7

9

9 9 9 9 9 9 9 9

9 0 0 0 0 0 0 0 0

9

Finde die Nummer

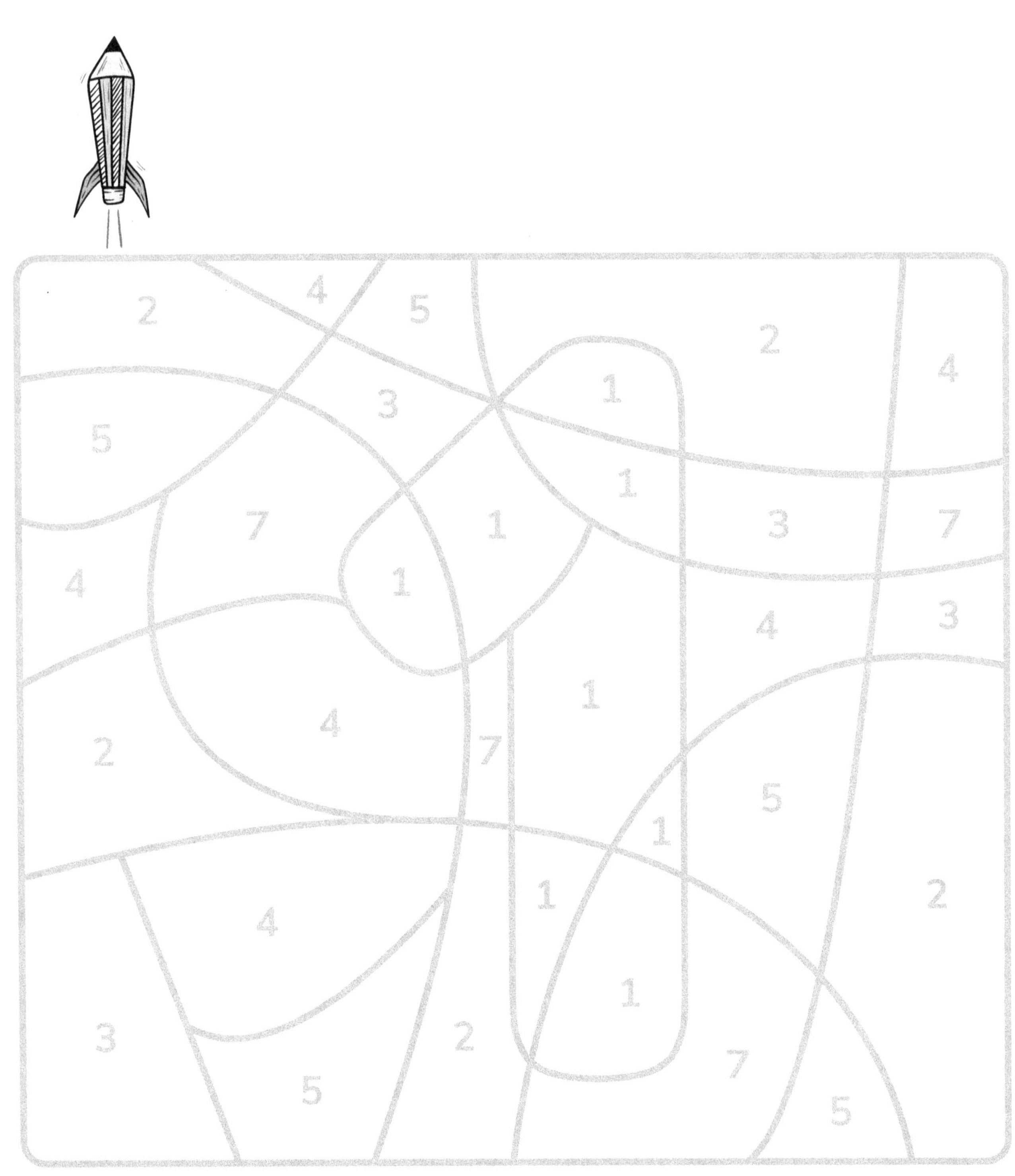

Finde die Nummer

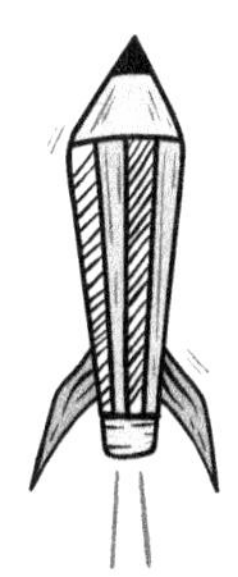

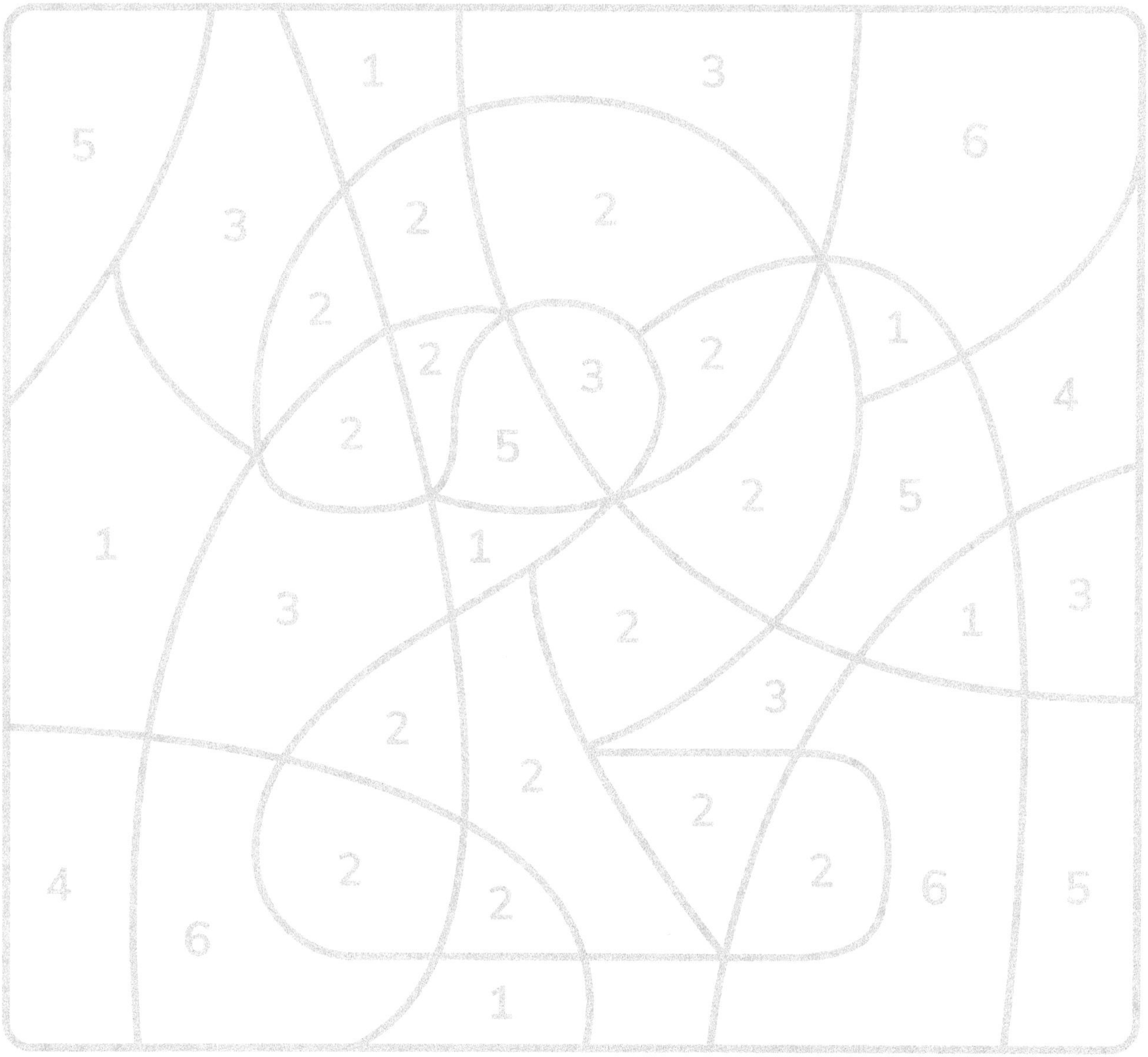

Finde die Nummer

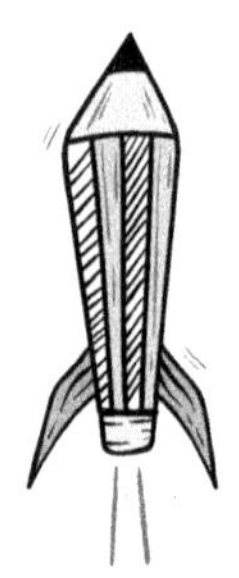

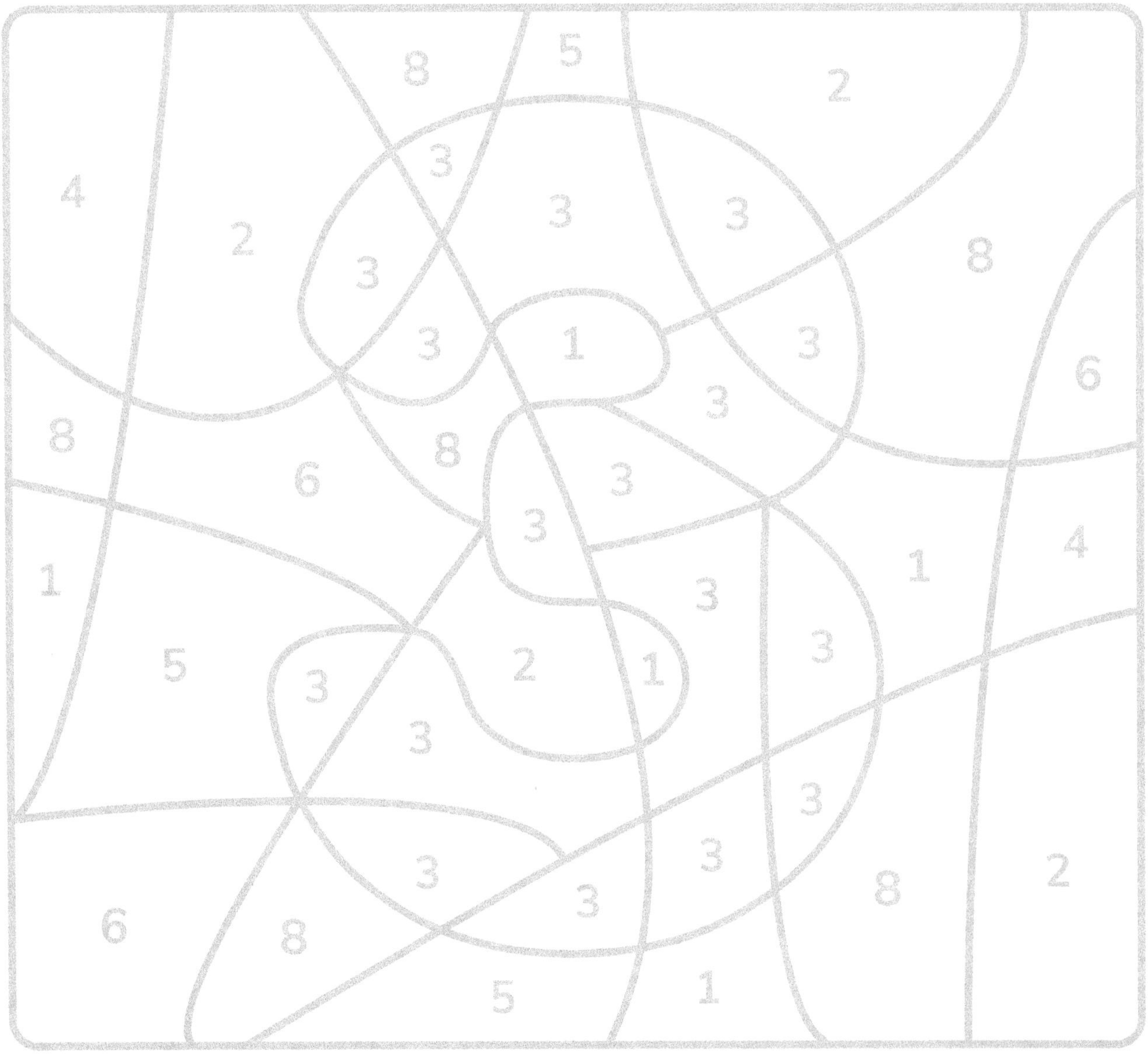

Finde die Nummer

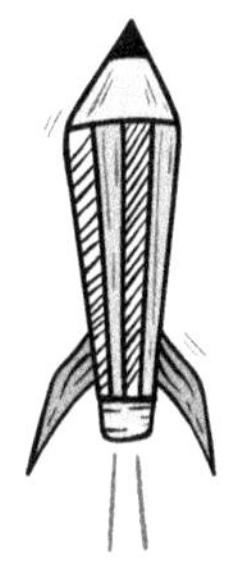

Finde die Nummer

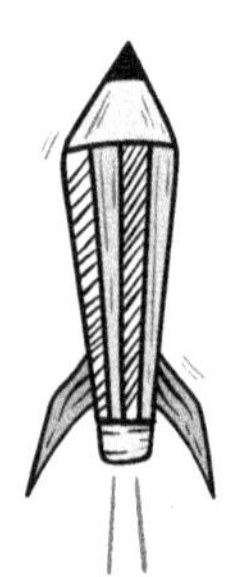

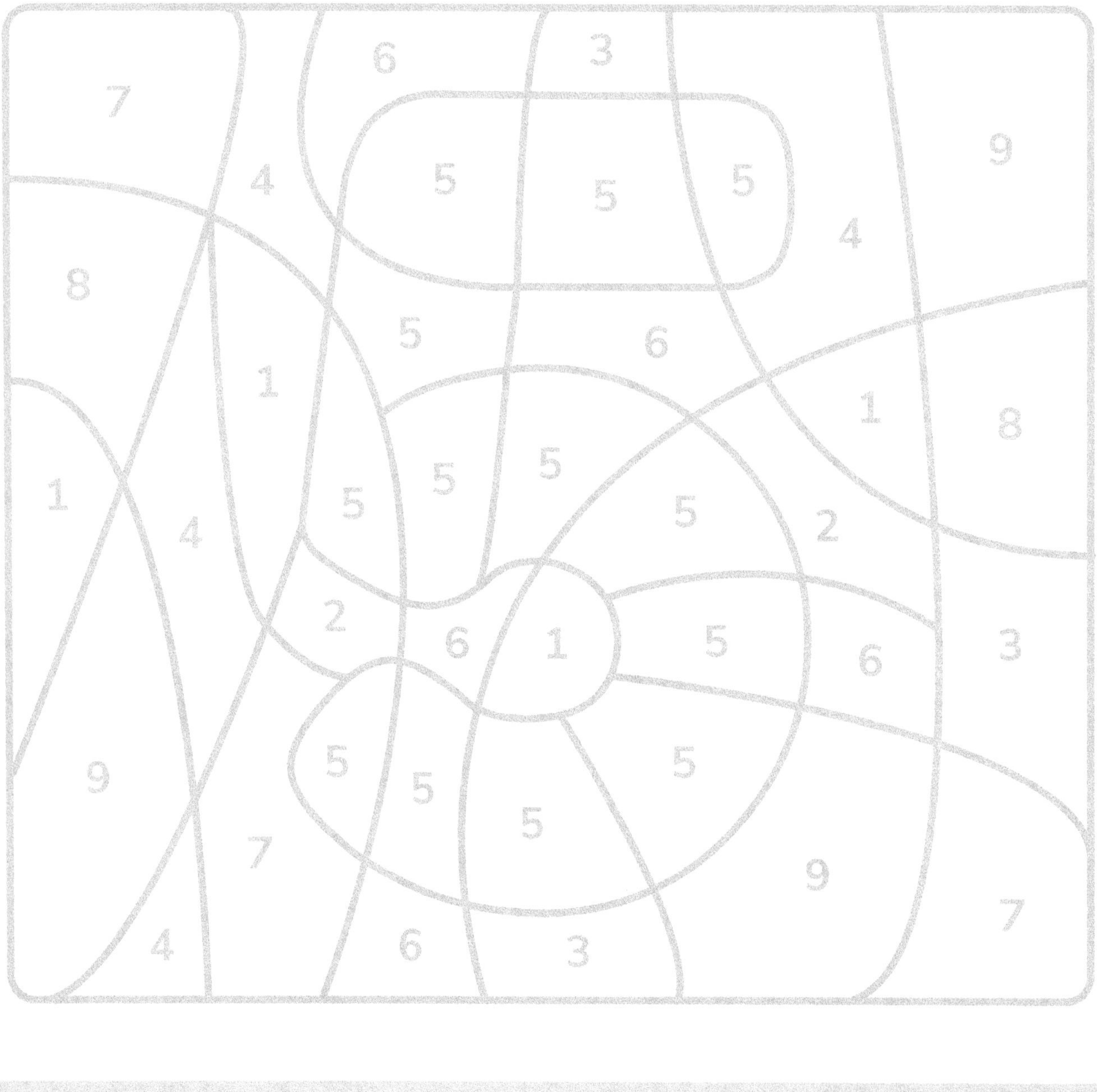

Finde die Nummer

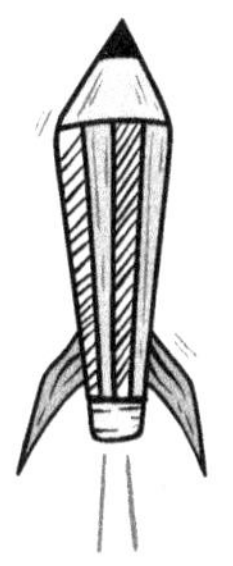

Finde die Nummer

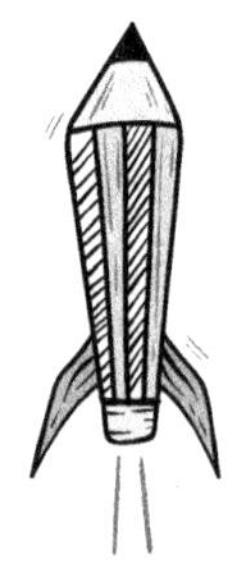

Male alle Felder aus,
in denen du eine 7 entdeckst.

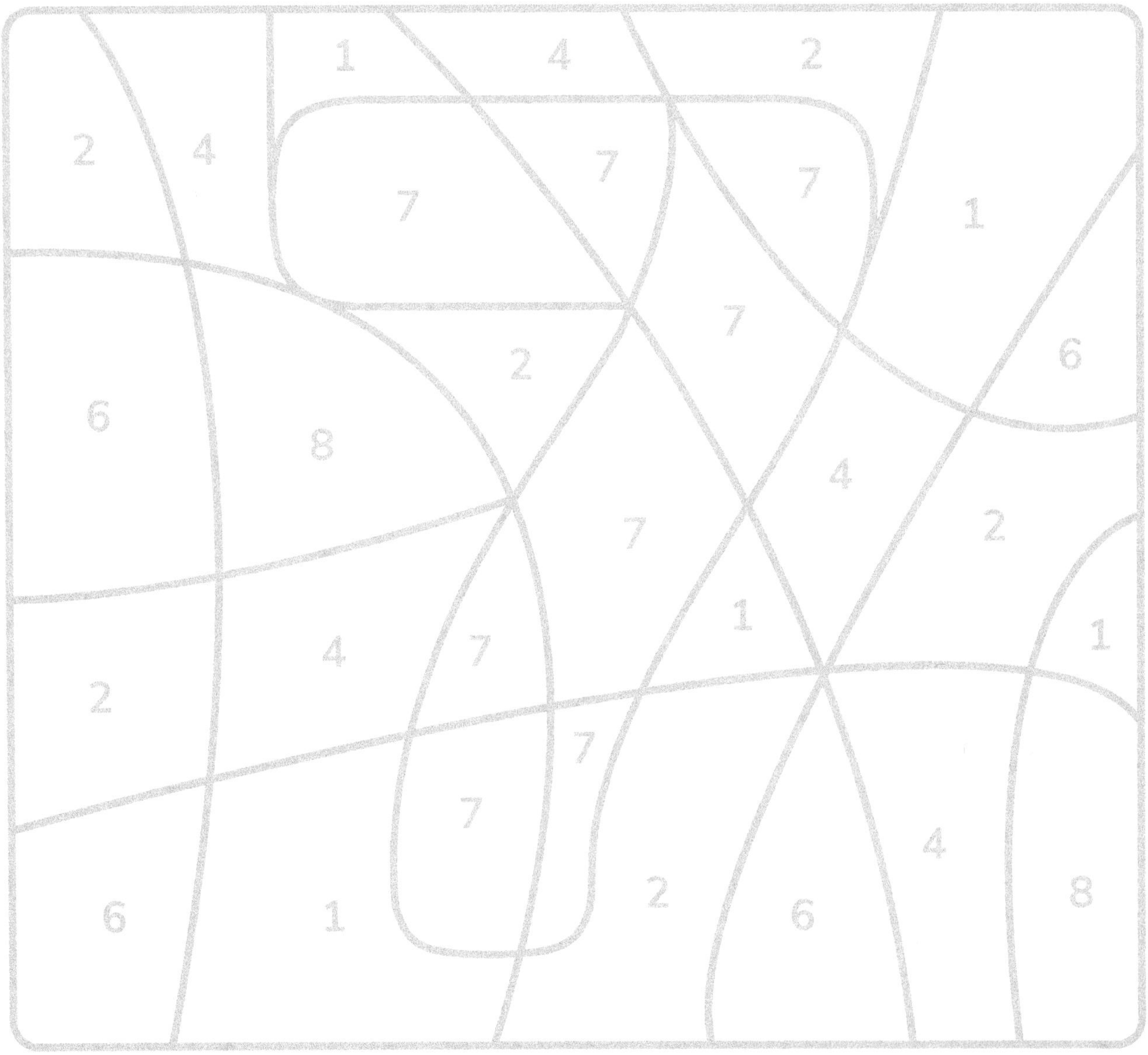

Finde die Nummer

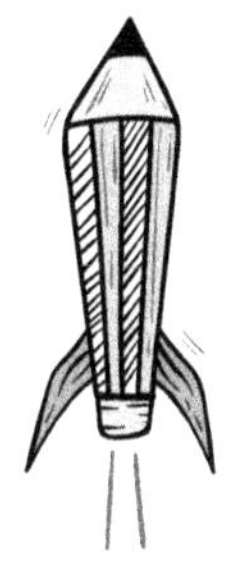

**Male alle Felder aus,
in denen du eine 8 entdeckst.**

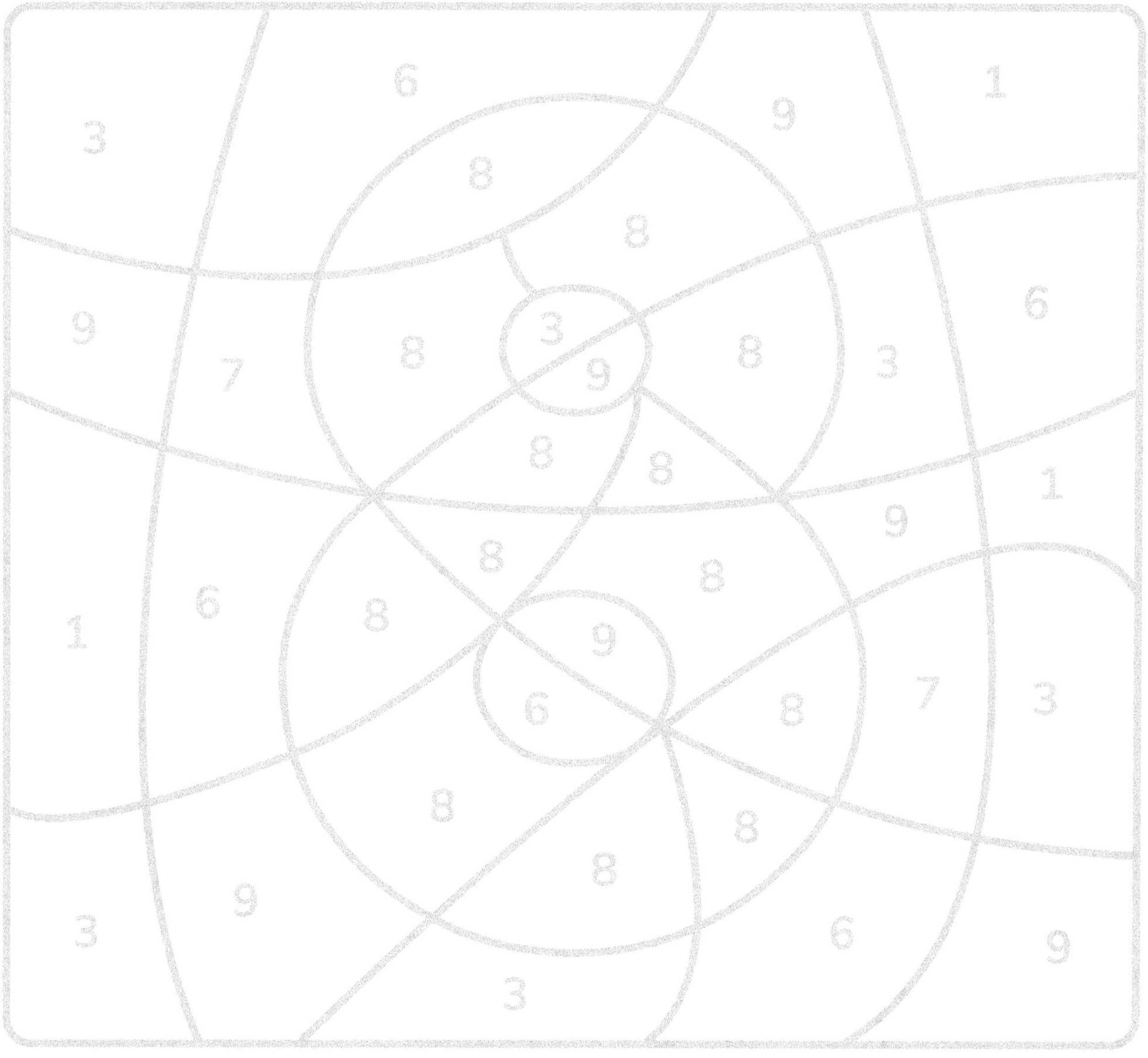

Finde die Nummer

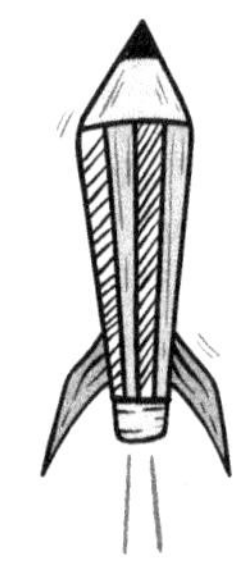

Male alle Felder aus,
in denen du eine 9 entdeckst.

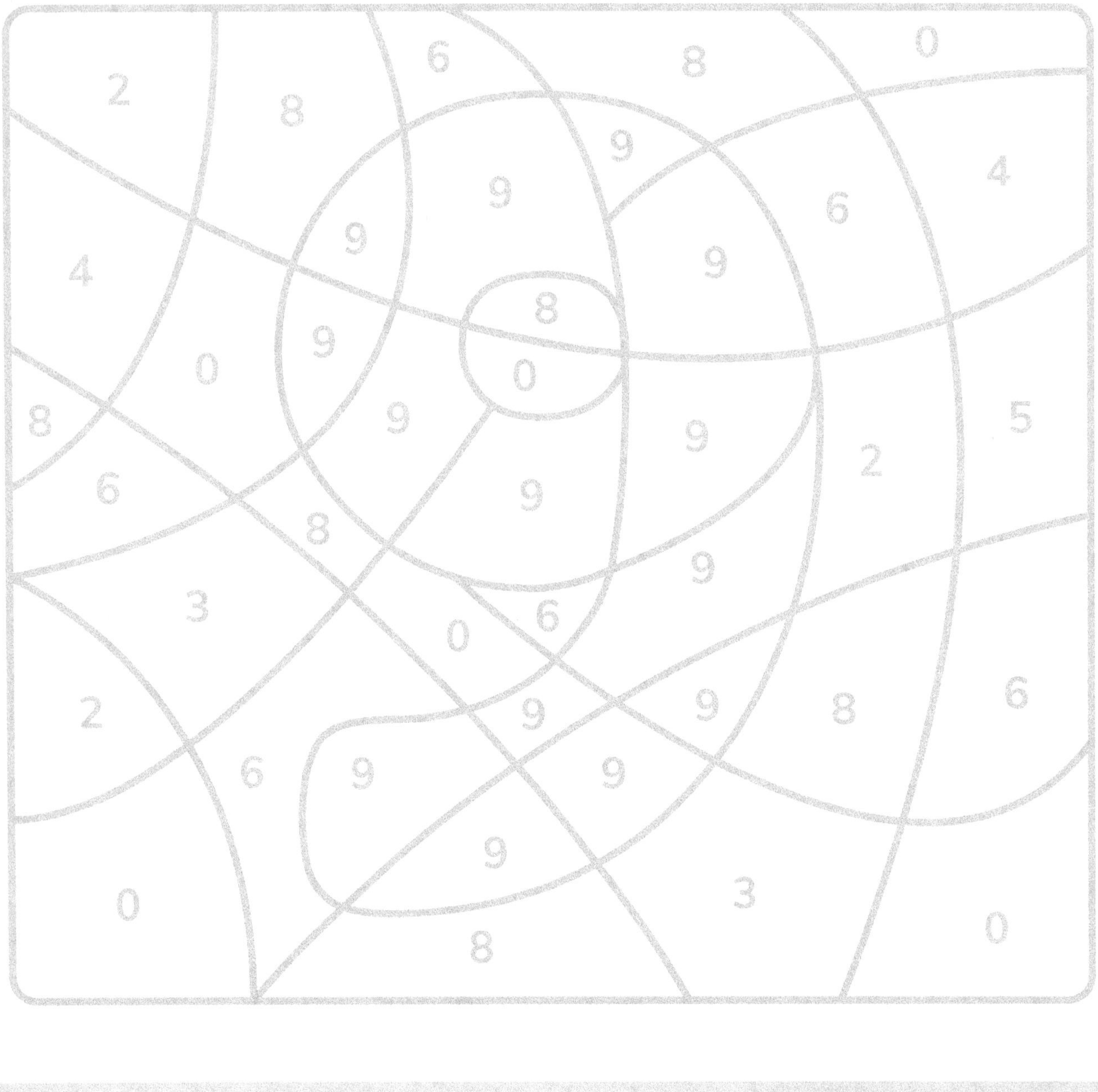

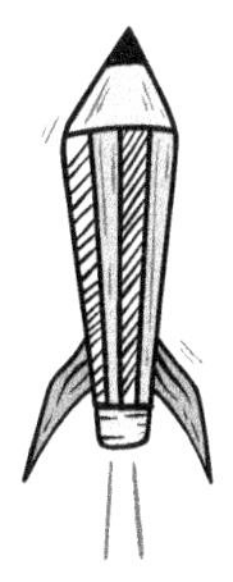

Finde die Nummer

Male alle Felder aus,
in denen du eine 0 entdeckst.

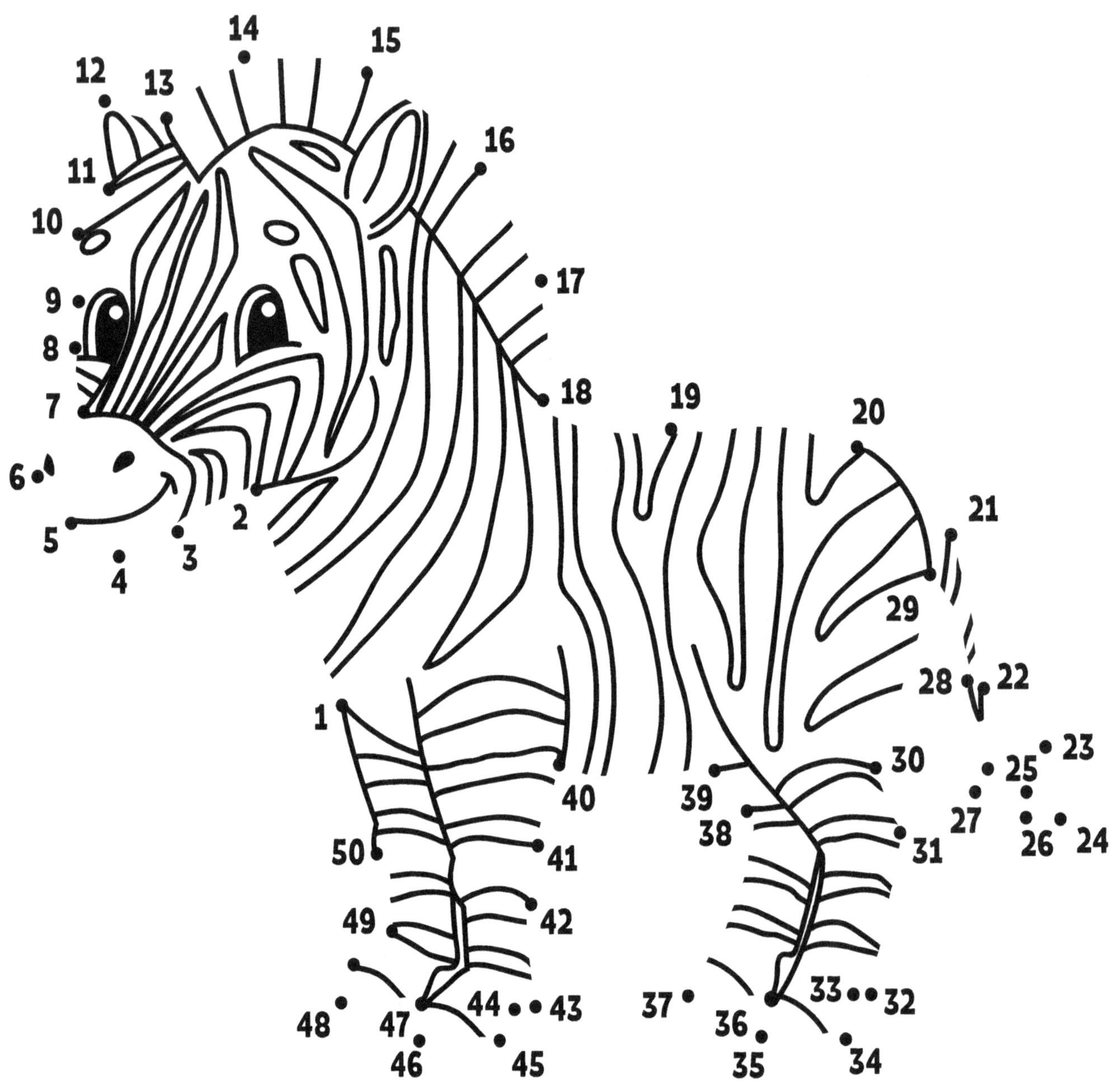

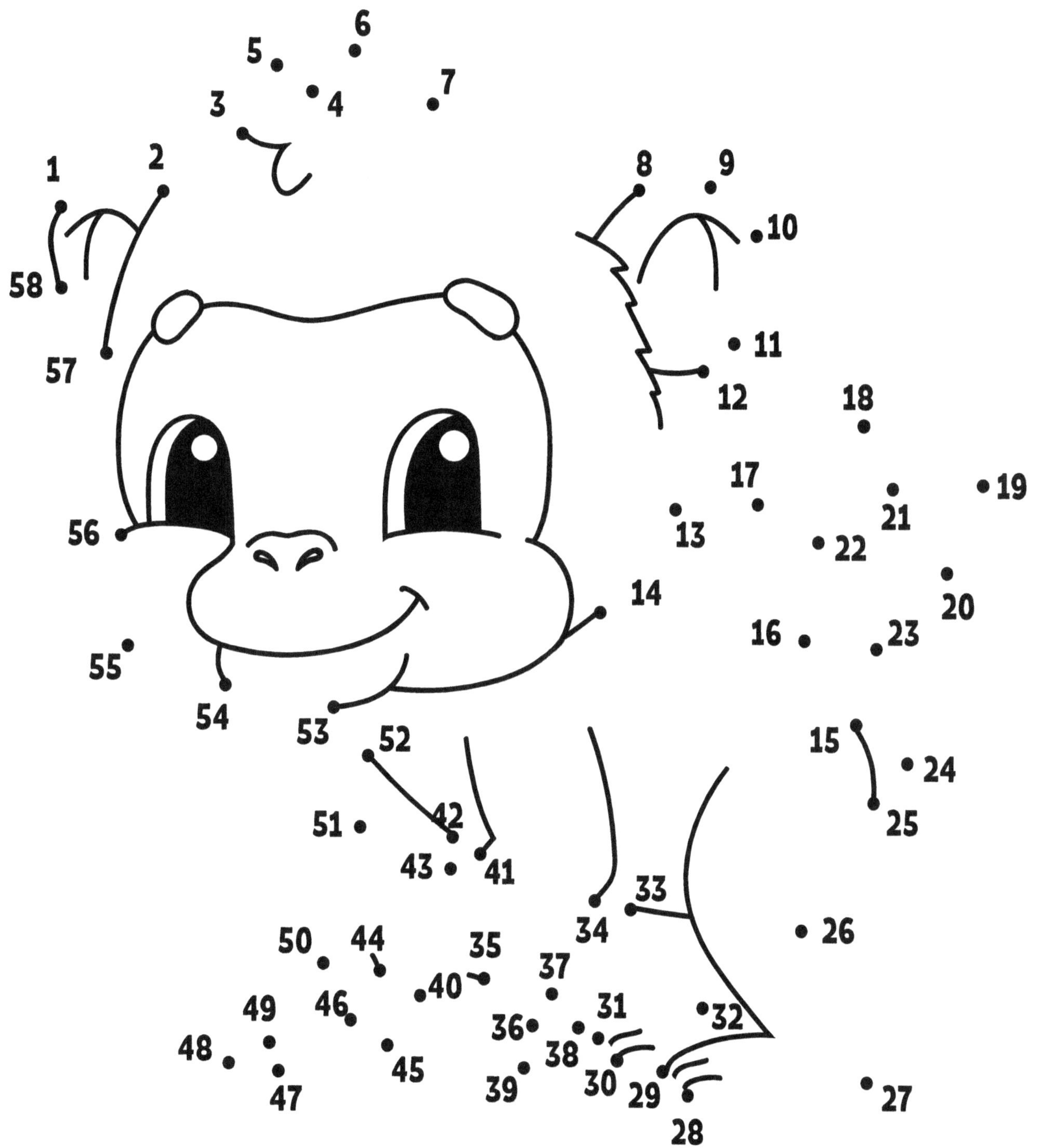

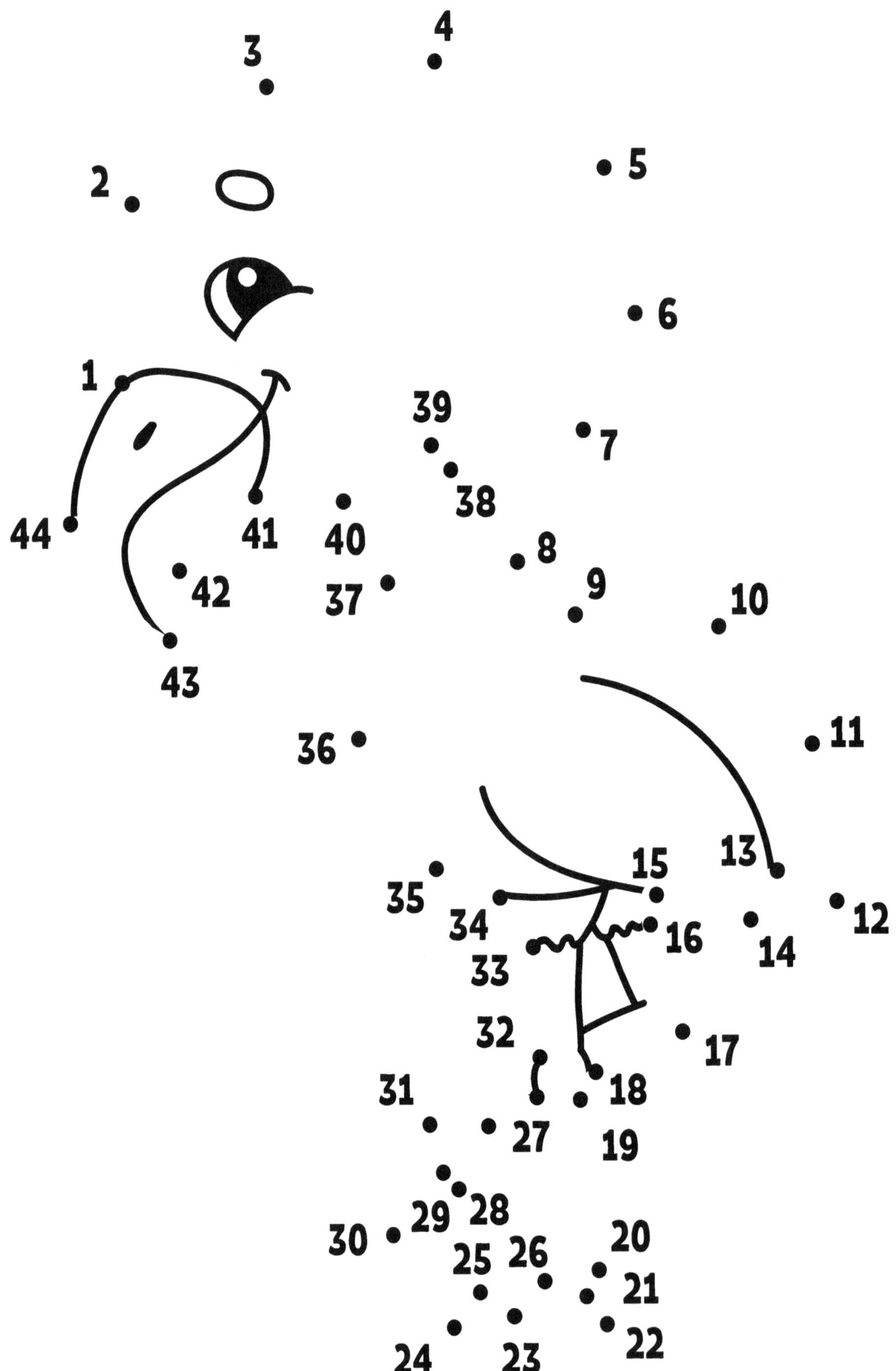

A	M	G	N	Q	S	R	V	E	V	X	W	J	T
Y	G	E	S	U	N	D	V	H	P	H	H	K	W
P	A	R	W	H	D	D	W	H	V	O	R	R	N
I	V	O	G	E	L	O	U	E	G	H	B	B	B
V	U	F	B	N	X	M	U	M	M	V	N	B	S
M	B	L	Ü	T	E	N	G	E	Z	A	L	L	E
G	J	Q	M	L	X	H	J	I	H	N	C	L	A
W	V	L	N	X	L	G	K	N	L	Y	C	L	L
I	Y	S	D	K	Z	A	C	E	A	J	B	I	K
R	S	V	A	S	E	D	K	N	O	U	U	E	B
V	C	H	U	P	U	O	O	J	J	N	F	B	Q
N	B	J	U	E	V	A	P	E	A	G	N	E	F
E	H	P	K	L	E	I	N	L	T	E	B	N	T
U	X	E	O	I	C	K	B	J	G	T	W	E	R

Wortsuchrätsel 'I' (leicht)

1. ALLE
2. VOGEL
3. LIEBEN
4. GESUND
5. BLÜTE
6. NEU
7. JUNGE
8. WIR
9. EINEN
10. VOR
11. VASE
12. KLEIN

D	R	A	B	E	X	W	G	S	G	O	S	K	Q
C	Q	B	B	K	X	H	U	C	R	I	G	L	S
B	W	Q	O	M	E	A	Z	H	Z	R	R	O	T
A	W	Q	W	K	X	U	Y	E	Y	X	O	U	A
C	H	L	W	M	W	S	A	I	X	E	Y	K	E
K	W	M	A	I	Q	B	U	N	P	O	V	R	M
E	L	H	R	D	Q	S	I	E	W	N	H	A	O
N	G	R	D	O	C	H	C	N	O	K	D	N	T
F	D	X	W	K	A	P	G	X	A	E	O	K	S
P	V	G	W	K	F	O	O	W	M	L	Q	B	I
T	G	M	Ä	D	C	H	E	N	Z	J	Z	Q	O
O	R	V	Q	U	X	L	H	A	L	Y	N	U	N
E	F	X	U	C	R	Y	W	W	P	M	G	J	O
G	I	P	S	U	C	H	E	N	U	H	K	Q	T

Wortsuchrätsel '2' (leicht)

1. HAUS
2. ROT
3. KRANK
4. NUN
5. RABE
6. BACKEN
7. DOCH
8. SCHEINEN
9. SUCHEN
10. MÄDCHEN
11. ONKEL
12. MAI

R	T	O	M	A	T	E	T	Y	C	E	N	T	U
Q	I	E	Q	O	T	T	J	M	O	V	S	D	V
M	O	R	D	A	U	G	E	I	R	I	N	G	W
E	Z	T	H	G	K	C	Q	I	J	E	V	U	X
G	H	I	M	M	E	L	S	R	T	I	E	R	E
C	N	Y	I	F	S	O	V	L	B	U	H	K	K
K	W	V	C	X	Y	U	S	C	X	H	M	X	Y
P	B	D	B	R	O	T	L	J	A	H	R	I	O
G	L	H	K	W	S	F	W	Y	C	H	E	B	L
G	S	E	S	T	E	I	N	M	W	O	D	U	A
E	W	L	H	B	M	R	M	B	Q	C	C	D	P
L	X	U	U	M	U	K	S	U	T	G	K	I	F
B	L	P	W	L	E	N	D	E	D	V	J	R	J
X	T	V	Q	M	D	Y	T	Q	C	U	S	W	E

Wortsuchrätsel '3' (leicht)

1. GELB
2. BROT
3. DIR
4. RING
5. STEIN
6. CENT
7. JAHR
8. TIERE
9. AUGE
10. HIMMEL
11. ENDE
12. TOMATE

Z	W	P	V	N	I	L	J	H	E	E	Q	U	R
O	G	O	G	A	U	C	H	U	N	A	S	E	G
M	I	I	R	C	O	S	N	N	K	V	J	V	M
A	M	H	F	B	W	A	E	Y	B	L	A	U	T
N	V	D	E	M	Y	A	M	N	K	V	H	N	L
E	O	K	U	J	F	I	B	F	Y	Y	W	Y	D
M	E	U	R	O	K	Z	I	E	G	E	E	G	D
K	B	J	K	O	D	E	J	F	D	H	P	N	O
J	E	F	R	B	A	L	O	S	Q	A	F	M	G
O	E	A	S	C	H	W	A	R	Z	D	M	U	S
F	B	K	H	V	P	U	H	C	F	I	P	T	Y
U	F	E	D	E	R	A	B	I	L	D	O	T	J
S	V	B	J	B	X	J	H	K	Q	J	D	I	P
Q	B	M	B	I	E	N	E	M	U	M	C	O	S

Wortsuchrätsel '4' (leicht)

1. MUTTI
2. BLAU
3. ZIEGE
4. SCHWARZ
5. FEDER
6. OMA
7. DEM
8. BILD
9. EURO
10. AUCH
11. NASE
12. BIENE

R	A	D	O	P	N	U	N	R	R	Z	N	M	Z
S	R	E	D	F	S	W	Y	L	F	Q	B	F	K
S	L	N	C	L	F	O	U	W	R	S	U	G	A
O	M	K	C	A	K	L	U	Y	S	I	N	H	U
G	W	E	U	N	P	L	V	V	I	I	T	O	F
F	R	N	L	Z	N	E	U	N	E	O	S	S	E
R	L	B	Q	E	J	N	P	O	B	Q	L	O	N
I	L	T	G	H	B	F	W	D	E	U	Ö	N	W
S	U	H	J	Q	T	Y	U	X	N	H	W	T	U
C	Q	K	Ö	N	N	E	N	Q	E	G	E	R	W
H	B	X	X	S	O	A	W	C	L	W	I	Q	H
P	N	S	X	S	Y	Q	U	A	T	S	C	H	I
D	E	N	D	R	M	Y	R	P	V	W	E	K	B
M	D	Z	R	M	E	I	N	E	X	K	G	J	S

Wortsuchrätsel '5' (leicht)

1. FRISCH
2. WOLLEN
3. MEINE
4. PFLANZE
5. DENKEN
6. KÖNNEN
7. QUATSCH
8. LÖWE
9. KAUFEN
10. SIEBEN
11. BUNT
12. DEN

K	P	U	D	L	S	Z	X	N	X	H	S	E	I
W	B	L	S	L	A	U	F	E	N	V	U	P	T
A	G	E	L	G	J	H	E	C	T	E	M	I	U
S	B	R	S	E	I	F	E	P	F	X	P	L	D
S	V	B	C	D	Y	I	S	H	C	W	O	E	I
E	M	T	O	H	C	I	Z	I	U	T	K	I	S
R	U	Z	C	V	F	F	G	M	N	X	B	C	L
H	J	E	N	G	P	P	E	V	D	S	Q	H	K
S	C	F	V	S	U	U	B	D	V	S	G	T	S
F	V	W	F	Z	U	E	E	X	X	Y	S	K	O
W	M	I	I	U	V	Y	N	Y	W	O	L	K	E
F	B	E	F	M	N	X	O	O	K	F	T	J	M
U	K	G	E	V	N	L	C	U	R	W	R	B	O
N	I	O	B	W	F	M	C	W	I	E	D	E	R

Wortsuchrätsel '6' (leicht)

1. WIEDER
2. WASSER
3. ZUM
4. WOLKE
5. GEBEN
6. SEI
7. LAUFEN
8. SEIFE
9. WIE
10. LEICHT
11. ENG
12. UND

T	H	S	Q	P	U	W	P	U	M	D	I	C	H
C	W	O	C	H	E	F	U	V	K	Z	F	L	K
S	W	O	N	L	F	N	U	T	R	Z	U	V	E
E	B	R	A	U	N	M	R	I	O	U	Y	G	I
Q	V	N	T	C	Y	Z	B	Z	L	Q	Q	I	N
U	T	D	T	D	B	E	R	S	L	S	Q	H	H
Z	L	Y	I	I	L	B	U	W	E	I	F	Y	P
A	A	J	E	V	E	O	F	M	N	K	I	C	V
G	C	E	R	A	I	L	E	Z	B	D	N	Y	Q
V	H	P	V	C	B	J	N	U	X	O	D	I	X
Q	E	G	W	K	E	U	R	L	I	O	E	D	S
L	N	V	J	P	N	D	G	J	U	X	N	W	E
C	Q	O	B	S	I	D	I	B	C	M	R	R	I
M	U	S	S	H	N	P	K	Q	Z	Y	Q	K	S

Wortsuchrätsel '7' (leicht)

1. BLEIBEN
2. MUSS
3. TIER
4. BRAUN
5. LACHEN
6. EIS
7. DICH
8. ROLLEN
9. WOCHE
10. EIN
11. RUFEN
12. FINDEN

I	B	D	C	D	R	D	L	P	O	V	S	R	L
V	E	A	D	B	X	B	H	G	F	G	J	J	V
O	V	B	S	V	R	B	W	O	R	T	M	F	D
V	A	T	E	R	M	W	T	N	N	B	N	Z	G
W	Q	S	F	N	R	T	S	E	M	Q	K	E	Q
A	G	O	T	A	G	H	W	E	I	T	U	I	S
Z	P	X	J	P	S	X	W	V	Q	K	O	G	L
C	N	R	F	Ü	L	L	E	R	X	M	H	E	X
C	M	Q	P	Q	C	C	J	A	W	J	O	N	C
D	C	G	A	B	E	L	B	W	L	I	T	V	Q
O	T	Z	M	Z	P	R	S	C	H	A	S	E	N
E	G	B	Q	P	L	J	X	F	W	F	E	G	W
B	U	G	Z	A	O	L	S	C	H	O	N	N	N
W	T	R	H	M	E	R	S	N	R	U	F	R	T

Wortsuchrätsel '8' (leicht)

1. VATER
2. SCHON
3. FÜLLER
4. GABEL
5. HASE
6. ZEIGEN
7. WORT
8. AM
9. GUT
10. TAG
11. WEIT
12. DA

M	F	W	G	X	Z	P	F	P	M	M	U	Z	D	H	H
V	R	P	E	Q	V	E	U	V	E	Q	J	D	N	A	K
H	U	I	O	B	I	C	S	U	I	F	A	T	T	I	X
W	Ü	B	E	R	X	D	S	S	N	B	L	Q	N	I	Z
N	C	J	G	P	I	H	G	T	L	T	I	X	C	R	U
G	R	E	O	W	K	J	Y	N	K	C	Z	S	R	P	B
B	E	Z	H	I	W	B	J	D	G	B	W	L	G	U	A
D	X	B	L	N	N	P	I	M	D	Q	T	I	R	A	U
Y	R	U	E	T	E	S	Q	F	M	J	U	N	O	R	E
D	B	O	I	E	K	E	P	E	N	J	H	C	S	B	N
P	Y	V	H	R	U	G	A	Q	V	K	B	Y	S	E	I
K	B	D	I	B	A	U	M	X	R	V	O	T	C	I	W
L	N	I	A	U	F	G	A	B	E	R	G	T	K	T	F
V	G	Y	H	V	F	Q	X	E	I	Q	R	O	V	E	C
J	P	T	W	L	N	R	L	B	K	B	F	Ü	R	N	L
U	X	E	M	Q	W	U	R	M	K	Y	S	W	H	N	X

Wortsuchrätsel '9' (mittelschwer)

1. FÜR
2. FUSS
3. ARBEITEN
4. ÜBER
5. HAI
6. MEIN
7. AUFGABE
8. EI
9. WINTER
10. BAUEN
11. BAUM
12. GROSS

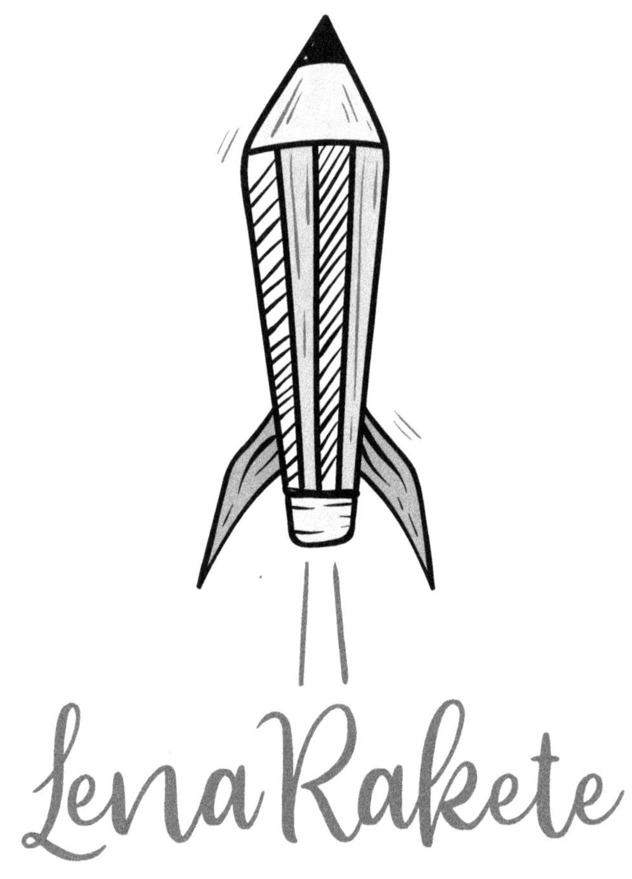

LenaRakete

LENA

Mathias Buhl · Humplgassl 10 · 82515 Wolfratshausen · Germany

www.ingramcontent.com/pod-product-compliance
Lightning Source LLC
Chambersburg PA
CBHW081348160726
48000CB00010B/3259